CONTEÚDO DIGITAL PARA ALUNOS

Cadastre-se e transforme seus estudos em uma experiência única de aprendizado:

Escaneie o QR Code para acessar a página de cadastro.

Complete-a com seus dados pessoais e as informações de sua escola.

Adicione ao cadastro o código do aluno, que garante a exclusividade de acesso.

3379734A1408853

Agora, acesse:
www.editoradobrasil.com.br/leb
e aprenda de forma inovadora e diferente! :D

Lembre-se de que esse código, pessoal e intransferível, é valido por um ano. Guarde-o com cuidado, pois é a única maneira de você utilizar os conteúdos da plataforma.

APOEMA ARTE 9

COLEÇÃO APOEMA
ARTE

AUBER BETTINELLI
- Formado em Desenho Industrial com habilitação em Programação Visual pela Faculdade de Comunicação e Arte do Mackenzie
- Ator e coautor de ações artísticas que mesclam o teatro, a literatura e a educação em trabalhos coletivos
- Autor, pesquisador, formador e coordenador de projetos em educação e arte-cultura
- Desenvolvedor de materiais, jogos educativos e intervenções poéticas

CAMILA CARRASCOZA BOMFIM
- Formada em Contrabaixo pela Faculdade de Artes Alcântara Machado
- Mestre e doutora em Musicologia pelo Instituto de Artes da Unesp
- Professora e autora de artigos e capítulos de livros de educação musical
- Musicista e contrabaixista

STELLA RAMOS
- Formada em Educação Artística pela Unicamp
- Pesquisadora, formadora, mediadora e coordenadora de projetos em educação e arte-cultura
- Desenvolvedora de materiais, jogos educativos e intervenções poéticas
- Pesquisadora e arte-educadora em artes visuais

TALITA VINAGRE
- Formada em Ciências Sociais pela PUC-SP
- Mestre em Ciências Sociais pela PUC-SP
- Pesquisadora em dança contemporânea
- Arte-educadora em dança

TIAGO LUZ DE OLIVEIRA
- Formado em Direção Teatral pela Escola de Comunicações e Artes da USP
- Mestre em Artes Cênicas pela Escola de Comunicações e Artes da USP
- Pesquisador e arte-educador em teatro em espaços culturais

1ª edição
São Paulo, 2019

Editora do Brasil

Dados Internacionais de Catalogação na Publicação (CIP)
(Câmara Brasileira do Livro, SP, Brasil)

Apoema arte 9 / Auber Bettinelli...[et al.]. – 1. ed. –
São Paulo: Editora do Brasil, 2019. – (Coleção apoema)
 Outros autores: Camila Carrascoza Bomfim, Stella
Ramos, Talita Vinagre, Tiago Luz de Oliveira.

ISBN 978-85-10-07551-0 (aluno)
ISBN 978-85-10-07552-7 (professor)

 1. Arte (Ensino fundamental) I. Bettinelli, Auber.
II. Bomfim, Camila Carrascoza. III. Ramos, Stella.
IV. Vinagre, Talita. V. Oliveira, Tiago Luz de.
VI. Série.

19-26726 CDD-372.5

Índices para catálogo sistemático:
1. Arte : Ensino fundamental 372.5
Maria Alice Ferreira - Bibliotecária - CRB-8/7964

© Editora do Brasil S.A., 2019
Todos os direitos reservados

Direção-geral: Vicente Tortamano Avanso

Direção editorial: Felipe Ramos Poletti
Gerência editorial: Erika Caldin
Supervisão de arte e editoração: Cida Alves
Supervisão de revisão: Dora Helena Feres
Supervisão de iconografia: Léo Burgos
Supervisão de digital: Ethel Shuña Queiroz
Supervisão de controle de processos editoriais: Roseli Said
Supervisão de direitos autorais: Marilisa Bertolone Mendes

Coordenação editorial: Maria Helena Webster
Consultora de Artes e Linguagens: Gisa Picosque
Edição e preparação de texto: Camila Kieling e Nathalia C. Folli Simões

Pesquisa iconográfica: Priscila Ferraz, Odete Ernestina Pereira e Renata Martins
Assistência de arte: Carla Del Matto
Design gráfico: Patrícia Lino
Capa: Megalo Design
Imagem de capa: ostill/Shutterstock.com
Ilustrações: André Toma, Andrea Ebert e Marcos Guilherme
Coordenação de editoração eletrônica: Abdonildo José de Lima Santos
Licenciamentos de textos: Cinthya Utiyama, Jennifer Xavier, Paula Harue Tozaki e Renata Garbellini
Produção fonográfica: Marcos Pantaleoni
Controle de processos editoriais: Bruna Alves, Carlos Nunes, Rafael Machado e Stephanie Paparella

Produção: Obá Editorial
Direção executiva: Diego Salerno Rodrigues, Naiara Raggiotti
Equipe editorial: Alessandra Borges, Felipe Ramos Barbosa, Gabriele Cristine B. dos Santos, Karen Suguira, Nara Raggiotti e Patrícia da Silva Lucio
Revisão: Adriane Gozzo, Amanda Zampieri, Ana Fiori, Bartira Costa Neves, Elaine Silva, Hebe Ester Lucas, Vânia Valente e Vitória Lima
Equipe de arte: Gustavo Abumrad (Coord.), Bárbara Souza, Christian Herrman, Cristina Flores, Daniela Capezzutti, Gleison Palma, Kleber Bellomo, Renata Toscano e Rosemeire Cavalheiro

1ª edição / 1ª impressão, 2019
Impresso na Ricargraf Gráfica e Editora Ltda.

Rua Conselheiro Nébias, 887
São Paulo, SP – CEP 01203-001
Fone: +55 11 3226-0211
www.editoradobrasil.com.br

APRESENTAÇÃO

Caro aluno e cara aluna,

Este livro é um convite para uma caminhada por trilhas e clareiras que vão permitir a você refletir, criar, se expressar – e assim dialogar de forma singular e prazerosa com as artes.

Você convive com a arte no seu cotidiano. Ela está presente, de forma espontânea ou intencional, de muitas maneiras: no som e nos gestos das pessoas, nos refrãos que são cantarolados despreocupadamente, nas manifestações culturais, no sabor que vem do aroma da cozinha, no *design* de objetos, na pintura corporal indígena, na expressão da cultura afro-brasileira, nos grafites coloridos de uma parede, nos monumentos históricos – enfim, em variadas expressões.

Nosso convite é para que você seja o personagem principal nesse cenário e, assim, deixe de ser apenas um observador e participe intensamente dos processos que propomos aqui – investigando e fazendo descobertas de acordo com as próprias experiências, ideias e valores ao perceber com a mesma curiosidade o que está próximo e parece familiar e o que está distante e pode gerar estranhamento. Nesses diálogos, você vai poder dar novos significados ao que está ao seu redor e até mesmo olhar o mundo como um grande campo de possibilidades.

Sua cidade faz parte de você e você faz parte dela. Umas das formas de estabelecer essa relação é pelos caminhos da arte. A construção desses significados inicia-se quando paramos, refletimos e formulamos um pensamento em relação a eles.

Para que isso ocorra, ao longo do livro, você será o convidado principal para falar com base em sua percepção. O livro possibilita que você estabeleça diálogos: consigo mesmo, com seus colegas, com o professor, com sua família, com o que está ao seu redor, com o que está acontecendo em todo o mundo.

Você é o protagonista dessa história.
Você está construindo sua história.
Um abraço,

Os autores

CONHEÇA O SEU LIVRO

Este conteúdo foi desenvolvido para promover um encontro entre você e as artes, com o objetivo de torná-lo protagonista desse diálogo e de sua própria história.

ABERTURA DE UNIDADE
Abre a unidade e introduz os temas que serão tratados nos capítulos.

SEÇÃO DE DESENVOLVIMENTO
Partida: prática inicial do percurso de experiências e aprendizagens que serão apresentadas ao longo da unidade.

SEÇÃO COMPLEMENTAR
Coordenadas: aborda elementos da linguagem relacionados aos caminhos.

ABERTURA DE CAPÍTULO
Abre o capítulo e introduz o tema a ser tratado.

SEÇÃO COMPLEMENTAR
Glossário: conceitos e vocabulários utilizados no texto.

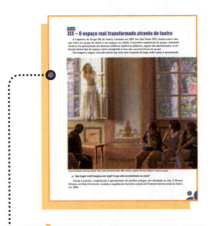

SEÇÃO COMPLEMENTAR
Trajetória: entrevistas e depoimentos.

SEÇÃO DE DESENVOLVIMENTO
Trilha: explora uma das abordagens possíveis relacionada ao tema.

SEÇÃO COMPLEMENTAR
Ampliar: apresenta novas possibilidades de pesquisa relacionadas ao tema.

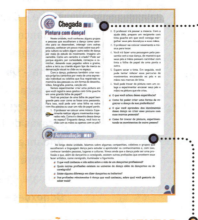

SEÇÃO DE DESENVOLVIMENTO
Chegada: prática final do percurso de experiências e aprendizagens ao longo da unidade.

SEÇÃO COMPLEMENTAR
Clareira: contextualização de movimentos artísticos ou pessoas.

SEÇÃO COMPLEMENTAR
Autoavaliação: práticas avaliativas sobre o percurso percorrido.

ÍCONE DE ÁUDIO
Sugere um áudio disponível no Portal da coleção Apoema Arte.

SEÇÃO COMPLEMENTAR
Conexões: relações entre as linguagens da arte, ampliando o olhar em relação ao fazer artístico.

SEÇÃO COMPLEMENTAR
Mirante: contextualização com conteúdos abordados em outro componente curricular.

SEÇÃO DE DESENVOLVIMENTO
Caminhos: apresenta a jornada a partir da discussão de uma situação concreta.

SUMÁRIO

■■I **UNIDADE 1 – Transformações coletivas 8**

Partida 9

Capítulo 1 – Arte na cidade, criar coletivamente 10

Caminhos – Espaços coletivos 12
Coordenadas – Intervenção urbana 14
Trilha – Coletivos e diversidade 16
Andança – Plantando ideias 18
Mirante – Poesia na rua 19
Clareira – Xilomóvel 20
Trilha – Palavra: permanência e resistência ... 22
Conexões – *Slams*: batalhas de poesia 27
Andança – Encontro inesperado 31

Capítulo 2 – Presença e ampliação 32

Caminhos – Projeções que criam ambientes ... 34
Andança – Misturando referências 35
Trilha – Arte e tecnologia 37
Andança – Linguagem subjetiva e tecnologia 41
Mirante – Tempo e tecnologia 42
Trilha – Ações em rede 44
Trilha – A jardinagem como arte ou a arte pela jardinagem 46
Ampliar – Hayao Miyasaki – Um artista que convida a viagens interiores 48
Chegada – Coletividade e transformação 50
Autoavaliação 51

■■I **UNIDADE 2 – O teatro em ação 52**

Partida 52

Capítulo 1 – O diálogo entre realidade e ficção 54

Caminhos – Teatro e reflexão 56
Trilha – Cena e público próximos 56
Andança – História de uma prática coletiva ... 58
Coordenadas – *Ícaro* 58
Trilha – Dois grupos, uma nova realidade 59
Clareira – Ricardo Meireles 60
Trilha – XIX – O espaço real transformado através do teatro 61
Andança – Olhando para o passado 63
Clareira – Grupo XIX de Teatro 63
Mirante – Fábrica das Artes 64
Conexões – Teatro e cinema 66

Capítulo 2 – Teatro que transforma 68

Caminhos – Teatro e ação 70
Andança – Expandindo o tempo e o olhar 71
Trilha – Teatro cego 71
Andança – Caminhada de confiança 73
Trilha – A cidade como cenário 73
Trilha – O teatro e o humano 74
Andança – O espaço sugerido 77
Trilha – Teatro e tecnologia 77
Ampliar – Para além do teatro 79
Chegada – Juntos em cena 80
Autoavaliação 81

■■■ **UNIDADE 4 – Construir e transformar por meio da música** **112**
Partida 112
Capítulo 1 – A música modifica a vida de todos! 114
  Caminhos – Arte que transforma 116
  Trilha – Projetos sociais em música 117
  Mirante – El Sistema 119
  Trilha – Os caminhos da música eletrônica ...120
  Coordenadas – A tecnologia dos sons...........122
  Conexões – Música e artes visuais 124
  Andança – Ouvindo compassos diferentes: o quinário 126
  Clareira – O *jequibau*...................................127
  Conexões – *A sagração da primavera* 129

Capítulo 2 – Ser músico!..............................**132**
  Caminhos – Uma longa jornada 134
  Trilha – São muitas as profissões..................134
  Andança – O setenário e as palavras.............136
  Conexões – A música, a poesia e o mangue...138
  Ampliar – Música para curar..........................140
  Trajetória – André Lindenberg........................142
  Chegada – Uma pirâmide sonora 144
  Autoavaliação.. 145

■■■ **UNIDADE 3 – Para que dançar?**................**82**
Partida... **82**
Capítulo 1 – A dança transforma!................. **84**
  Caminhos – As dinâmicas da dança................86
  Coordenadas – O minueto...............................87
  Andança – Criando uma dança com fios..........88
  Clareira – A transmissão de saberes na dança..88
  Trilha – Transformação social pela dança.......89
  Coordenadas – Salsa, um sabor na dança!......92
  Andança – Dançando como máquinas!...........93
  Trilha – Sustentar o corpo 93
  Clareira – Ismael Ivo: um coreógrafo brasileiro em destaque no mundo 95
  Andança – Como manter nossos pés saudáveis..96

Capítulo 2 – As profissões na dança................ **98**
  Caminhos – Uma vida com a dança! 100
  Coordenadas – Dançarino ou bailarino?........102
  Mirante – Transformação social com a dança do *hip-hop*....................................103
  Trilha – Danças inesperadas.........................104
  Trilha – Outras profissões na dança: cenografia, trilha sonora, figurino e iluminação 105
  Andança – Luz e movimento 109
  Conexões – Dança e tecnologia....................109
  Ampliar – Especialistas em brincadeiras 110
  Chegada – Pintura com dança!.....................111
  Autoavaliação...111

■■■ **ARTES INTEGRADAS – Natureza e transformação** **146**
Partida..146
  Alimento e imaginário coletivo: lendas de origem...148
  • Açaí 148
  • Mandioca 149
  • Milho 149
  • Guaraná 150
  Patrimônio: culinária e cultura.......................151
  • Sabores e cultura 153
  Momento lúdico...155
  Chegada – Alimentar o imaginário.................157
  Autoavaliação.. 158

Referências... **159**
Documentos...160
Referências *on-line* 160

UNIDADE 1
ARTES VISUAIS

Enxurrada de letras, do Grupo Poro, Rio de Janeiro (RJ), 2004.

Transformações coletivas

Memória amassada, de Dalila Gonçalves. Blankenberge, Bélgica, 2012.

Observe as imagens. As duas mostram trabalhos de arte que foram realizados nas ruas de cidades.

 Você já pensou que a arte pode estar fora de museus ou espaços culturais?

Nesta unidade, vamos falar sobre como a arte pode gerar transformação nos indivíduos e na sociedade. Veremos também como a arte se transformou ao longo do tempo e algumas de suas manifestações nos dias de hoje, com a presença dos coletivos que criam obras em conjunto, ativações de obras que acontecem por um curto período de tempo e o uso de novas tecnologias na arte.

CAPÍTULO 1

Arte na cidade, criar coletivamente

Azul sobre blanco, do Coletivo Boa Mistura, Córdoba, Espanha, 2013.

Tsunami de lixo, do Coletivo Basurama, República Dominicana, 2009.

- Observe essas imagens. O que elas têm em comum?

A arte, assim como a sociedade, passa por transformações, reinvenções, reconstruções de olhares que a acompanham. As imagens que abrem este capítulo nos apresentam duas questões importantes e presentes na arte contemporânea, ou seja, na arte produzida no nosso tempo.

Antes de mais nada, estamos falando de obras realizadas em espaços públicos, ou seja, nas ruas das cidades. Diferentemente de grandes monumentos, esses trabalhos são realizados sem a presença de pedestais ou algum indicativo físico que demarque as obras – instaladas em locais de circulação e acesso corriqueiros, sem estarem necessariamente em destaque em, por exemplo, uma praça central. Isso significa que estão sujeitas a interações e modificações feitas pela dinâmica dos movimentos nas cidades, o que inclui as próprias pessoas.

CAMINHOS
Espaços coletivos

Observe novamente as duas imagens que abrem o capítulo. A primeira delas, um trabalho realizado pelo coletivo espanhol Boa Mistura, mostra algumas paredes brancas com uma palavra que aparece muito claramente: *luz*. Na primeira imagem, a palavra está tão bem destacada que ficamos com a impressão de que foi pintada em cima de uma fotografia. Na imagem seguinte, entretanto, podemos vê-la sob outro ângulo, que revela letras inteiras ou em partes pintadas em paredes diferentes e a palavra se forma quando olhamos de um lugar específico.

O coletivo, formado por arquitetos, *designers* e artistas plásticos, propõe intervenções na cidade que modificam temporariamente tanto o lugar quanto o olhar de quem passa por ela. Essas ações acontecem em diferentes cidades do mundo, em lugares que podem acolher trabalhos de arte que dialogam diretamente com as pessoas, interferindo no seu cotidiano e modificando o espaço de convivência coletiva.

Mark Renders/Getty Images

Memória amassada, de Dalila Gonçalves. Blankenberge, Bélgica, 2012.

A segunda imagem apresenta o trabalho de outro coletivo, o Basurama, também espanhol, que já realizou diversas ações no Brasil, em colaboração com organizações sociais e culturais, criando uma rede de colaboração.

O nome Basurama vem da palavra *basura*, que, em espanhol, quer dizer lixo, sobra, resíduo. O coletivo, formado por amigos que se conheceram quando eram estudantes de arquitetura, trabalha basicamente a ideia de repensar os processos de descarte e na transformação dessas sobras em arte. Em geral, o Coletivo Basurama trabalha diretamente com os habitantes das comunidades que visita, movimentando reflexões e ações que modifiquem as relações que essas comunidades têm com seu lixo, do ponto de vista social, artístico e, muitas vezes, até econômico, já que propõe novas possibilidades a partir desse material.

Na imagem de abertura deste capítulo, vemos uma instalação realizada pelo Basurama na República Dominicana, país localizado na América Central, no mar do Caribe. Essa obra parece uma onda, com diferentes tons de verde e azul organizados em linhas penduradas. Ao longe, não fica muito claro qual é o material utilizado, mas se chegarmos mais perto podemos notar que são galões de plástico.

Com o apoio da comunidade, os integrantes do coletivo coletaram galões azuis, verdes e brancos no depósito de lixo da região, os quais foram limpos e separados por cores, para depois serem organizados nos fios que formam a instalação.

O trabalho, depois de montado e instalado, cria uma marca forte sobre a paisagem da região. Se observarmos seu nome, *Tsunami de lixo*, isso fica ainda mais evidente. O coletivo parte de uma hipótese fictícia: o que aconteceria se uma onda de lixo invadisse a orla da cidade?

A ação artística materializa, de forma poética, questões ambientais que atingem o mundo todo, como a poluição dos mares. A estratégia desse tipo de ação é envolver a comunidade em seus projetos, movimentando reflexões e mobilizando as pessoas diante de ações artísticas.

● **Você gostaria de participar de alguma ação coletiva para transformar um local? Por quê?**

A decoração de um espaço para uma festa, a pintura de um muro com um desenho, a preparação de um local onde vai acontecer uma apresentação artística ou esportiva são exemplos de ações coletivas que transformam os espaços.

Outro exemplo de arte inserida nas ruas é a obra que abre esta unidade, a instalação *Memória amassada*, da artista portuguesa Dalila Gonçalves. Tanto na foto de abertura da unidade quanto na que observamos ao lado, conseguimos ver claramente que cada obra foi instalada nas ruas.

O trabalho é composto por pedras artificiais produzidas em concreto (material utilizado na construção civil), recobertas por azulejos que se moldam às suas reentrâncias, em um processo que busca recobrir essa superfície irregular do mesmo modo como faria em uma parede de azulejos.

No caso dessas fotos em particular, há uma conexão entre duas culturas diferentes: os padrões dos azulejos que recobrem as pedras foram criados a partir de símbolos belgas, diretamente relacionados à cidade de Blankenberge, local da instalação. Embora os azulejos portugueses tenham parentesco com os processos árabes desde seu surgimento, há outras influências, especialmente nas questões técnicas. Os processos de azulejaria belgas inspiraram várias das técnicas que seriam desenvolvidas para a confecção dos azulejos em Portugal, uma manifestação cultural ligada diretamente à identidade deste país. Ao instalar no espaço público um trabalho que lida com símbolos históricos, diretamente relacionados à construção das cidades, a artista propõe uma reflexão: há cada vez menos a presença de elementos decorativos nas fachadas, e as cidades têm se tornado, progressivamente, mais homogêneas e monocromáticas.

Coordenadas

Intervenção urbana

Observe atentamente a imagem.

Interdição, do Grupo 3NÓS3. Avenida Paulista, São Paulo (SP), 1979.

A imagem mostra a intervenção *Interdição* realizada em 1979 pelo Grupo 3NÓS3. Durante duas horas, o grupo estendeu grandes faixas de diversas cores de papel celofane entre postes da Avenida Paulista, nas proximidades de onde se localiza o Masp (Museu de Arte de São Paulo), na cidade de São Paulo. O material transparente e a luz do sol modificavam as cores das ruas e as faixas, e, mesmo sendo fáceis de serem rompidas, interromperam momentaneamente o fluxo dos automóveis.

- Você já presenciou uma intervenção de arte em lugares por onde costuma circular?

Vimos, desde o início desta unidade, uma série de trabalhos artísticos que não são apresentados em museus ou galerias, mas nas ruas. Geralmente, damos a esse tipo de ação artística o nome de *intervenção urbana*, porque são ações que acontecem no espaço das cidades, frequentemente em locais de circulação de pessoas e que propõem um diálogo direto com a comunidade.

Há também outra vertente da arte que usa a cidade como plataforma e que chamamos arte urbana. A diferença principal entre esses dois conceitos é que, embora as manifestações aconteçam no espaço das ruas, na *arte urbana* algumas delas, como o grafite, os murais, os cartazes e os **lambes**, são fixadas em locais como muros, paredes, postes ou mesmo no chão, e permanecem lá, até que sejam apagadas ou cobertas por outras.

> **Glossário**
> **Lambes:** cartazes artísticos, geralmente colados em espaços públicos.

Já a intervenção urbana acontece por um período determinado, que termina quando os artistas, agentes dessas intervenções, encerram a ação.

Essa manifestação artística acontece no mundo todo e, no Brasil, esse tipo de atividade começou a ganhar as ruas nos anos 1970, como uma alternativa aos locais tradicionais de arte e também como uma tentativa de ressignificar os espaços urbanos, ou seja, de proporcionar novos olhares das pessoas para o próprio espaço de convivência.

A arte começou a se aproximar cada vez mais da vida das pessoas, tanto nos seus locais de atuação quanto na relação construída com o público. Nessa época, outros artistas também propunham obras que contavam de algum modo com a participação do público ou se utilizavam de materiais do cotidiano ou de locais de grande circulação.

O coletivo 3NÓS3, formado pelos artistas Hudinilson Jr. (1957-2013), Mario Ramiro e Rafael França (1957-1991) é considerado um dos pioneiros das intervenções urbanas no Brasil. As ações desse grupo propunham uma "alteração da ordem habitual cotidiana" e, a partir de um certo momento, o grupo passou a identificar seu trabalho como interversões urbanas e não intervenções, como ficaram mais conhecidas.

Na ação *Interdição*, realizada em 1979, esticaram enormes faixas de papel celofane em cruzamentos, criando faixas de cor na paisagem ao mesmo tempo em que erguiam uma barreira, ainda que facilmente transponível, para os carros. A ação mostra uma das características presentes nas intervenções urbanas: são efêmeras, ou seja, têm um tempo de duração curto.

Olhe para a imagem a seguir. Vemos uma grande faixa de papel celofane amarelo que foi esticada pelos artistas antes da faixa de pedestres, enquanto o sinal estava fechado para os carros.

Interdição, do grupo 3NÓS3. Avenida Paulista, São Paulo (SP), 1979.

• O que você acha que aconteceu quando o sinal de trânsito ficou verde? Os carros romperam a faixa de celofane? Será que alguns ficaram em dúvida sobre o que fazer?

Deslocar as pessoas de seu comportamento padrão em relação às cidades, sua movimentação e rotina faz parte da escolha desse tipo de ação artística, que propõe discussões sobre convivência e apropriação do espaço público e compartilhado.

TRILHA
Coletivos e diversidade

- Quando você pensa em trabalhos artísticos, que tipos de imagens ou ideias vem à sua mente?
- Quais formatos, materiais e procedimentos podem se transformar em obra de arte?

Converse com seus colegas sobre os tipos de manifestações da arte que conheceram até hoje.

- Será que toda obra de arte pode ser exposta e guardada dentro de um museu?

Por muito tempo, os objetos de arte eram facilmente identificados. Na grande maioria das vezes, estavam em museus ou ilustrando livros – nos dois casos, acompanhados de legendas nas quais constavam o nome da obra, do artista e o material de que foi feita. Alguns trabalhos de arte também se encontravam em espaços públicos, identificados por pedestais e placas.

Entretanto, desde que surgiram e se disseminaram novos formatos de arte, como a *performance*, o *site specific*, as ações realizadas na internet e as intervenções urbanas, esse cenário mudou. Atualmente, um trabalho de arte pode ser realizado com qualquer material ou mesmo com nenhum material, como é o caso de algumas intervenções urbanas. Imagine um museu que tem em seu acervo um *site specific* ou uma *performance* realizada em um de seus espaços e que ficaram expostos por um período.

- Como você imagina que poderiam ser preservados esses trabalhos nos acervos de museus?

Cada projeto de arte tem um modo específico de ser preservado. Para o caso dos dois exemplos citados, o que fica guardado na reserva técnica do museu são documentos que descrevem com precisão como cada um desses trabalhos foi realizado e todas as necessidades técnicas necessárias para que ele ocorra novamente, do mesmo modo que aconteceu pela primeira vez: são os chamados *memoriais descritivos*.

Reflita com os colegas.

- Por qual motivo alguns artistas escolhem formatos inusitados para suas produções de arte?

As intervenções, em geral, aproximam as manifestações da arte da vida das pessoas, abrindo um espaço poético dentro do cotidiano, até mesmo convidando as pessoas a serem parte disso. Dentro do universo dessas ações que ligam arte e espaços de convivência, observamos um tipo de organização artística cada vez mais frequente: os coletivos de arte.

Os coletivos de arte são formados por grupos de artistas que se organizam em torno de afinidades comuns e propõem ações que acontecem, geralmente, no espaço das cidades ou em outras plataformas coletivas, como as redes sociais e a internet. É interessante observar que, além de um trabalho de natureza coletiva na sua criação e realização, os artistas divulgam suas ações do mesmo modo, coletivamente, sem assinaturas individuais.

Observe as imagens ao lado. Elas são da intervenção *Jardim*, realizada pelo Coletivo Poro.

- De que material são feitas essas flores?

As instruções para a realização dessa obra, originalmente executada em Belo Horizonte (MG), são simples e consistem, basicamente, em duas ações:
- fazer flores de papel celofane vermelho;
- plantá-las em canteiros abandonados da cidade.

Observando as instruções, você imagina qual é a ideia central da instalação?

- O que o Coletivo Poro estava querendo focar ao realizar essa obra?

Jardim, do Grupo Poro. São Paulo (SP), 2004.

Jardim, do Grupo Poro. Belo Horizonte (MG), 2002.

    O Poro, formado pelos artistas mineiros Marcelo Terça-Nada! e Brígida Campbell, tem um longo histórico de intervenções em cidades de todas as regiões do Brasil e algumas do exterior, e suas ações têm sempre uma natureza efêmera, ou seja, que podem facilmente ser desfeitas ou terminar rapidamente. Eles também são os artistas responsáveis pela intervenção apresentada na abertura desta unidade, chamada de *Enxurrada de letras*. Em comum, elas têm o fato de que ambas foram instaladas em espaços da cidade.

Agora observe novamente a obra *Enxurrada de letras*, que abre a unidade: vemos várias letras que nos dão a impressão de estarem saindo de um cano. As letras, fluidas, se espalham como possibilidades de poesia. Podemos ver as letras como pequenas células, cheias de potência, que podem construir novas possibilidades, mundos e olhares sobre a cidade, de acordo com as escolhas que fizermos.

Nesses trabalhos, assim como em outros que veremos adiante, há uma forte relação com a poesia. No primeiro, a referência poética se relaciona com combinação de letras e imagem: vemos as letras como se estivessem escorrendo pelo cano e na calçada em declive, como palavras que estão se desfazendo ou que já teriam se desfeito em algum momento. A presença das letras como elemento principal remete diretamente ao ato da escrita e de como as palavras, assim como as imagens, podem ser passageiras. Já no *Jardim*, o impacto está na imagem poética criada. As flores de papel carregam uma singeleza, reforçada pela leveza e pela transparência do material.

ANDANÇA
Plantando ideias

Quando observamos os espaços públicos ao nosso redor, percebemos que nem tudo está de acordo com o que imaginamos que seria o ideal para esses lugares. Observe sua escola.

- O que poderia ser transformado para que o espaço físico fosse mais próximo do seu ideal de escola?

De acordo com as instruções do professor, reúnam-se em grupo e conversem sobre a intervenção artística que vocês vão produzir. Para organizar as ideias, vocês devem elaborar um projeto no qual podem constar os seguintes tópicos:

- o local da intervenção;
- a ideia central da ação (por exemplo, "pintura das paredes do pátio", "calçamento da entrada da escola", ou mesmo "plantas e flores no jardim");
- material a ser utilizado (vocês podem usar giz colorido, papéis e outros materiais);
- quanto tempo é necessário para a montagem da intervenção;
- qual a duração da intervenção (quanto tempo a obra ficará exposta).

Esses e outros tópicos que vocês julguem importante constar no projeto devem ser levados ao professor, para que juntos estabeleçam um plano de trabalho que possa estar em consonância com as intervenções dos outros grupos. Nesse plano devem constar as diversas etapas pelas quais irão passar, isto é, quanto tempo vocês levarão para executar a obra.

Se for possível, tire fotos do trabalho no decorrer da execução e no tempo em que a intervenção estiver exposta. Esse material será importante para vocês avaliarem o impacto das intervenções na comunidade escolar.

Ao final da atividade, conversem entre si.

- Como foi essa experiência? Quais foram as dificuldades?
- O que poderia ser diferente se vocês fossem repetir as intervenções?
- Como vocês podem avaliar a resposta da comunidade às intervenções?

Mirante

Poesia na rua

- Você já sentiu vontade de compartilhar com outras pessoas uma frase ou um trecho de texto que chamou a sua atenção? Palavras que você achou engraçadas, emocionantes, inteligentes ou instigantes e que gostaria que muitas pessoas também pudessem ter contato com elas?

A literatura sempre foi fonte de inspiração para todos os tipos de artistas, e em todas as linguagens da arte encontramos trabalhos inspirados pela palavra escrita. O processo de decifrar (ler) um código (letras) e entender sua mensagem é único para cada pessoa, e pode mobilizar sua sensibilidade, impactando seu modo de apreender o texto.

Quando falamos especificamente de poesia, há alguns elementos que podem ter diálogos interessantes com as artes visuais.

- Você já ouviu falar em "imagens poéticas"?

Pode parecer estranho em um primeiro momento, mas é possível construir imagens com as palavras.

É possível que você já tenha lido frases parecidas com essas:

- *Me lembro com saudade da aurora da minha vida.*
- *Ela é como um sol.*
- *Ele me olhou com aquele olhar de pedra.*

Essa construção de imagens poéticas, que podemos chamar também de **metáfora**, traz a ideia de que uma palavra pode ser substituída por uma imagem que amplie seu significado, ou seja, que funcione como um símbolo de uma outra coisa. Na primeira frase, a palavra **aurora** significa, ao pé da letra, nascer do sol, início do dia. Do ponto de vista da imagem, é usada, entretanto, como um símbolo do início da vida. Do mesmo modo, na segunda, o sentido não é literal, ou seja, ninguém imagina que uma pessoa será realmente parecida com o astro-rei, nas suas características físicas. O sentido aqui é de que a pessoa tem as características do sol, por exemplo, calor, brilho, imponência etc. A última funciona do mesmo modo: é humanamente impossível que uma pessoa tenha um olhar de pedra, mas a imagem revelada pela palavra sugere que criemos uma associação com sua materialidade: frieza, imobilidade de opinião, dureza.

- Você consegue imaginar outros exemplos de metáforas?
- Para você, que sensações e memórias as palavras **aurora**, **sol** e **pedra** trazem?
- Para que servem ou podem servir?

Essa é uma reflexão sobre a amplitude que cada palavra pode ter. Além dos múltiplos significados, a palavra, dentro da poesia, é uma célula explorada em todas as suas facetas: contém significado, som, imagem e ainda pode ser símbolo de algo. Pensando assim, na palavra em sua potência máxima, fica mais fácil encontrar conexões entre a poesia e as artes visuais.

# Clareira

Xilomóvel

Observe a imagem a seguir.

Projeto *Livro Árvore*, de Simone Peixoto. Xilogravuras sobre tecido, 12 tecidos. Pergolado da Casa das Rosas, São Paulo (SP), 2016.

- Como você descreveria esse trabalho? Como imagina que ele foi feito?

A obra da artista Simone Peixoto é uma xilogravura. Como já vimos, para fazer uma xilogravura, escava-se uma matriz de madeira com o objetivo de criar diferentes níveis de altura. Depois, essa matriz é *entintada*, ou seja, recebe tinta gráfica; em seguida, a superfície que receberá a estampa entra em contato direto com a matriz, sendo que os locais escavados em baixo relevo não recebem tinta, criando áreas sem cor. Nesse caso, a artista criou a imagem de uma árvore, bastante delicada, que é impressa em um tecido muito leve. A instalação que vemos na imagem conta com uma série de impressões, colocadas em sequência, em um local de passagem, mais especificamente, em um jardim. A imagem de uma árvore que flutua ao sabor do vento, realizada com uma matriz de madeira, além de visualmente muito poética, nos traz muitas camadas de reflexão. A imagem de uma árvore foi criada em sua própria matéria, ou seja, em um pedaço de madeira. É como se, de algum modo, a memória dela fosse reinventada na imagem criada pela artista. A paisagem também foi transformada por meio da multiplicação das gravuras de árvores nos tecidos.

Simone Peixoto é uma das artistas que compõem o Coletivo Xilomóvel Ateliê Itinerante. Como já indica o nome do grupo, o Xilomóvel é um ateliê itinerante de xilogravura que surgiu em Campinas, interior de São Paulo, e está na estrada desde 2009. Seus integrantes são Luciana Bertarelli, Marcio Elias e Simone Peixoto, três artistas que criam diálogos entre seus trabalhos autorais e atividades realizadas com as pessoas dos locais por onde passam, em diversas cidades.

- Você se lembra de algum trabalho em xilogravura? Como ele era?

Sendo um coletivo itinerante, o Xilomóvel é capaz de provocar outros tipos de transformação: dos lugares por onde passa e da nossa relação com a xilogravura.

Oficina de xilogravura ministrada pelo Xilomóvel Ateliê Itinerante durante projeto *Largofolhas*. Campinas (SP), 2018.

Projeto *Largofolhas*, do Xilomóvel Ateliê Itinerante. Oito painéis de xilogravuras sobre tecido, cada um com aproximadamente 3 m × 1,6 m (ou 1,6 m × 3 m). Estação Cultura de Campinas. Campinas (SP), 2018.

Com oficinas de gravura, o grupo atua como um multiplicador de cultura, ou seja, oferece oportunidades para as pessoas conhecerem e experimentarem, na prática, processos ligados às artes gráficas, como composição e impressão. Partindo de matrizes produzidas pelos artistas, o público é convidado a criar combinações e a imprimir novas imagens, como vemos nas imagens da ação *Largofolhas*, realizada pelo coletivo na cidade de Campinas, interior do estado de São Paulo. Além de uma exposição, o coletivo promoveu oficinas de impressão e colagem de lambes feitos das matrizes criadas pelos artistas, transformando o espaço público e a relação das pessoas com a cidade.

- Você já participou de alguma atividade cultural que foi levada até a sua cidade, semelhante a uma aula de arte para quem quisesse participar? Como foi essa experiência?

> **TRILHA**
Palavra: permanência e resistência

Observe a imagem, refletindo sobre o que leu até aqui.

O poema muda o sentido do caminho, do Coletivo Transverso. Poema em estêncil. São Caetano do Sul (SP), 2014.

Levando em conta a paisagem onde está a intervenção, tente imaginar que tipo de sensações ou reflexões esse trabalho poderia causar em quem passasse pelo local. Os espaços por onde transitamos estão repletos de formas de comunicação: neles encontramos sinais, placas, palavras e construções que indicam caminhos, áreas por onde podemos transitar ou não. Todas essas informações nos permitem circular, por exemplo, ir para lugares distantes e voltar para casa.

Até que o som acabe, do Coletivo Transverso. Poema em estêncil. Alto Paraíso de Goiás (GO), 2017.

- Você já imaginou como seria interferir em algum lugar com ideias artísticas por meio da palavra escrita?

As provocações poéticas subvertem a função de informar, forma mais comum do uso de palavras que vemos nas cidades. Em vez disso, sensibilizam quem passa pelos lugares onde são colocadas. A imagem mostra a frase: "Até que o som acabe". Observando-a, podemos notar que ela foi pintada em um muro próximo a uma área de mata, provavelmente isolada, em que o som que ouvimos é completamente diferente do percebido na vida da cidade. Trata-se de uma afirmação poética, reflexiva. Ela não pretende ter um sentido único. Podemos entendê-la como uma fronteira entre dois mundos sonoros diferentes, sensação que é reforçada pelo muro em que foi pintada. É possível, ainda, imaginar que está se referindo ao sons da natureza que têm se transformado com o avanço das áreas urbanas. A força das provocações poéticas está, entre outras coisas, no que pode ser lido com muitos sentidos diferentes, a cada vez que relemos a frase.

- Você consegue imaginar algum outro sentido para essa frase?
- Como você percebe o som? E o silêncio?

O Coletivo Transverso propõe o encontro entre a poesia e a visualidade, utilizando-se de versos que despertam o olhar poético do leitor para a paisagem onde estão instalados. Dialogam com o local onde são inseridos, como na imagem em que se lê em uma mureta: "Alimente os pássaros imaginários".

Brincando com uma sinalização bastante comum ("não alimente os pássaros"), cria uma nova leitura e nos tira do lugar ao qual estamos acostumados. Assim como o Transverso, outros coletivos e artistas urbanos atuam com o uso da palavra na cidade. Esse tipo de ação propõe não apenas a apresentação de um poema ou de uma ideia, mas também altera a leitura que fazemos da cidade.

Você se lembra da imagem da obra *Azul sobre blanco*, do Coletivo, que abre este capítulo? Esse coletivo espanhol cria ações que envolvem palavras ou imagens, geralmente com o uso de cores. Nas duas imagens a seguir, vemos um outro trabalho realizado por eles em várias cidades da Espanha.

Alimente os pássaros imaginários, do Coletivo Transverso. Poema em estêncil.

Nessa instalação, os artistas criaram estruturas verticais, colocadas temporariamente em locais públicos de várias cidades. São os *Labirintos líricos*. Neles, inserem um poema, palavra a palavra, que só pode ser visto a partir de um determinado ângulo. Desse modo, as pessoas que passam pela instalação têm de circular em volta das estruturas, buscando o ponto em que a palavra finalmente ficará visível.

Vista da instalação *Labirintos líricos: o verdadeiro*, do Coletivo Boa Mistura. Santiago de Compostela, Espanha, 2017.

Vista aérea da instalação *Labirintos líricos: o verdadeiro*, do Coletivo Boa Mistura. Santiago de Compostela, Espanha, 2017.

Cada palavra ou pequeno conjunto de palavras é pintado com uma cor, para facilitar a visualização. As pessoas andam à volta do conjunto para conseguir completar o conjunto das palavras. Enquanto circulam entre as estruturas, acabam por circular o olhar também para o que está ao seu redor: a cidade. Assim, do mesmo modo que acontece com as palavras, podem perceber o espaço onde vivem de modos diferentes, apenas por mudar o lugar de onde olham.

Agora observe a mensagem que aparece na imagem a seguir. Trata-se de uma ação realizada pela Frente 3 de Fevereiro, um coletivo de artistas de São Paulo (SP).

Onde estão os negros?, do Coletivo Frente 3 de Fevereiro. Bandeira *performance* pendurada na fachada do Museu de Arte do Rio. Rio de Janeiro (RJ), 2015.

- O que mais chama a sua atenção?
- Como você interpreta essa mensagem e sua relação com o local onde foi instalada: a fachada do Museu de Arte do Rio de Janeiro?

Frente 3 de Fevereiro é um grupo de artistas de diversas áreas que pensa e produz ações as quais envolvem artes visuais, música, poesia, teatro, debates e diversos outros formatos, criados de acordo com cada projeto. A multiplicidade de linguagens e o modo como esse coletivo se organiza são também formas de agir politicamente, reunindo criadores em torno das questões sociais que desejam transformar. Essa estrutura permite que seus participantes possam trabalhar em diferentes projetos, simultaneamente, em diversas linguagens.

O compartilhamento da autoria dos trabalhos é uma estratégia para ganhar mais agilidade e visibilidade em suas realizações, já que um artista sozinho levaria mais tempo para realizá-las, tendo ainda uma repercussão restrita ao público do seu trabalho e sua área de atuação. Para o Frente 3 de Fevereiro, a criação e/ou a realização das ações têm a mesma importância, não importa quem tenha criado, todos se envolvem e o trabalho é assinado em nome do grupo.

Essa estratégia é uma forma de exercitar a igualdade e de colocar em prática ideias que esses artistas e ativistas também desejam ver acontecendo na sociedade. O principal foco da Frente é disseminar ações que envolvem arte e política, por meio da abordagem direta do tema racismo e sua relação com a violência sofrida pela população negra, principalmente periférica, no Brasil.

A mensagem "Onde estão os negros?", pendurada em uma bandeira de grandes dimensões na fachada de um museu, levanta a pergunta: por que em determinados espaços de acesso à arte e à cultura ainda vemos a predominância de pessoas brancas entre os frequentadores? Isso também acontece em vários outros espaços da cidade que oferecem bens de consumo, espaços de convivência em boas condições de conservação e segurança, enfim, recursos acessíveis a uma menor parte da população.

Agora observe as imagens abaixo.

Onde estão os negros?, do Coletivo Frente 3 de Fevereiro. Tinta sobre tecido, 20 m × 15 m. Estádio Moisés Lucarelli, Campinas (SP), 2005.

Zumbi somos nós, do Coletivo Frente 3 de Fevereiro. Tinta sobre tecido, 20 m × 15 m. Estádio Pacaembu, São Paulo (SP), 2005.

- O que essas mensagens podem transmitir a partir do contexto em que estão inseridas – um estádio de futebol?

Nessa ação, classificada como *videoperformance*, o Frente fez um acordo com algumas torcidas de futebol, as quais, em momentos determinados, desenrolaram bandeiras com mensagens durante jogos transmitidos pela televisão, ao vivo. Desse modo, foi possível ter uma manifestação vista por milhares de pessoas, em um espaço e momento destinados a um evento esportivo.

Essa invasão do território, ou seja, a arte invadindo um evento esportivo, revela a ousadia do grupo e novamente levanta questões sobre racismo, desta vez ligadas às discriminações raciais que ainda ocorrem no futebol. A ideia de que esse esporte nacional une as pessoas, que assistem às partidas juntas e partilham suas emoções dentro de uma torcida, é questionado, uma vez que em situações cotidianas há ainda demonstrações de intolerância racial envolvendo as mesmas pessoas que admiram o futebol. Com trabalhos dessa natureza, o Frente coloca em evidência os modos como o racismo acontece no Brasil, muitas vezes escondido entre situações apenas passageiras de tolerância, em jogos, eventos religiosos ou festas como o Carnaval.

- Você conhece grupos de artistas que se unem para debater melhorias para a população? Que outras formas de manifestações da arte com temáticas desse tipo você conhece?

CONEXÕES
Slams: batalhas de poesia

Entre tantas formas de poesia, uma das mais urbanas é a praticada nas batalhas de versos, ou *slams*, campeonatos nos quais cada participante (chamado de *slammer*) tem um tempo delimitado para apresentar, na sua *performance*, uma poesia de sua própria autoria. A competição conta também com os *slammasters*, que são os mestres de cerimônia dos *slams*.

Emerson Alcalde, na apresentação do Coletivo *Slam* da Guilhermina na 24ª Bienal Internacional do Livro de São Paulo. São Paulo (SP), 2016.

Público durante *slam* na Praça Roosevelt em São Paulo (SP), 2018.

Cartaz do 23º Poetry Slam Sul, campeonato que ocorre periodicamente às margens sul do Rio Tejo. Almada, Portugal, 2016.

O *slam* surgiu em Chicago, Estados Unidos, nos anos 1980, paralelamente à cultura *hip-hop*, mas começou a ganhar espaço no Brasil a partir do ano 2000 e, atualmente, as batalhas existem em todo o território nacional.

Segunda edição do *Slam* Peleia. Porto Alegre (RS), 2017.

Slam das Minas em Porto Alegre (RS) durante uma das apresentações em setembro de 2017.

Os *slams* vêm se tornando, cada vez mais, um espaço importante para a representação de diversos grupos urbanos e culturas diversas, desde as vinculadas às periferias, até às que representam mulheres, negros e outras minorias. Um exemplo disso é o *Slam* das Minas, espaço exclusivo do qual participam apenas mulheres e que surgiu com o objetivo de abrir um espaço exclusivamente feminino nessa competição, originalmente identificada com o gênero masculino.

O *Slam* das Minas existe em diversas cidades do Brasil, formando uma rede intensa de atividades vinculadas à representatividade.

- Você já tinha ouvido falar dos *slams*?
- Participa ou conhece alguém que faz parte das batalhas de poesia?

ANDANÇA
Encontro inesperado

Observe a imagem a seguir.

Cena do filme *Beleza roubada*, 1996.

Essa imagem mostra uma cena do filme *Beleza roubada*, lançado em 1996, do diretor italiano Bernardo Bertolucci (1941-2018). Nesse filme, a personagem Lucy escreve o tempo todo trechos de poesias e pensamentos, que são deixados em diversos lugares, para serem encontrados ou não, queimados, lançados ao vento. Ao fazer isso, muito mais do que exteriorizar os próprios sentimentos, Lucy está convidando o universo a conhecer seus pensamentos e dúvidas mais profundas.

- Você já encontrou um bilhete (que não era para você e para ninguém conhecido) dentro de um livro? Uma carta de amor ou algo parecido?

Assim como a personagem do filme, muitas pessoas deixam depoimentos poéticos e anônimos sobre suas vidas, seus pensamentos e seus ideais.

- E você? O que deixaria? Uma poesia? Um desejo?
- E se além de deixar algo para ser lido, você deixasse algo para ser completado por uma ou mais pessoas? Como isso seria?

1. Forme grupo com alguns colegas, a turma toda deve se reunir em quatro ou cinco grupos, no máximo. Cada um escolherá qual tipo de ação poética irá fazer. Como sugestão, elas podem ser:
   - Uma imagem (ou desenho), que pode ser inteira ou fragmentada em pedaços, deixados dentro de um livro na biblioteca;
   - Um pequeno texto (uma poesia, uma frase), deixado no meio de um livro na biblioteca;
   - Um desenho ou um bloquinho (com algumas folhas desenhadas e outras não) e um lápis afixado nele, deixado em um local público da escola, com instruções para que ele seja completado à medida que as pessoas o encontrem;
   - Frases e trechos de poesia escritos em pequenos quadrados de papel fixados em lugares inusitados da escola.
2. De acordo com as indicações do professor, reúna-se com seu grupo para trabalhar na ação a ser feita. É importante que vocês elaborem em conjunto e decidam coletivamente como será disponibilizado esse objeto.
3. No decorrer do processo, marquem sua obra com alguma indicação de que ela foi elaborada pelo grupo. Vocês podem marcar o trabalho com uma *hashtag* (#), por exemplo – e todas as intervenções da classe podem usar a mesma, o que pode trazer unidade ao trabalho.

CAPÍTULO 2
Presença e ampliação

Observe atentamente as imagens a seguir. Embora sejam muito diferentes entre si, elas apresentam uma característica visual em comum.

Ricardo Cançado

Representa Corisco, de VJ Eletroiman. A obra foi projetada sobre igreja de Santo Antônio, no Vale do Anhangabaú, durante a Virada Cultural de São Paulo. São Paulo (SP), 2018.

- Você saberia dizer qual é?
- Você consegue detectar quais recursos foram usados pelos artistas em cada uma delas para criar esses "lugares"?

Até aqui, nos aproximamos de trabalhos coletivos que ocupam espaços públicos em manifestações que expandem os limites da arte. São produções que convidam a repensar o lugar da arte enquanto

Mulher e criança dentro da instalação *Reflexão#2*, de Raquel Kogan. Os espectadores são totalmente integrados à obra. Exposição Cinético-Digital no Instituto Itaú Cultural, São Paulo (SP), 2006.

exploram processos de criação e formatos inusitados. Em alguns casos, as plataformas digitais são o ponto de partida, com a mistura de técnicas e a proposição de ambientes que deslocam nossas percepções por meio dos vários sentidos. Em outros exemplos, veremos trabalhos que ampliam as formas de produzir arte, em ações que nos fazem refletir sobre o mundo que vivemos e queremos.

CAMINHOS
Projeções que criam ambientes

As imagens que abrem este capítulo apresentam espaços construídos artificialmente, de modos distintos, que nos instigam a entender o contexto em que foram criados. São trabalhos que provocam os sentidos e se utilizam de recursos tecnológicos para a construção de sua visualidade.

- Você conseguiu identificar que recursos eram esses?

É certo dizer que as duas imagens são compostas por elementos que se repetem. Na primeira imagem, por meio da computação gráfica, vemos a imagem de um personagem replicada quatro vezes, plantas que se repetem nas laterais do campo visual, montanhas desenhadas ao fundo com uma textura distribuída de modo uniforme e faixas de cor que atravessam o "céu" à esquerda e à direita.

Na segunda imagem, vemos um tipo de corredor que multiplica, com o uso de espelhos, a imagem de uma mulher com uma criança no colo, atravessada por números que também ocupam o chão. O conjunto forma a imagem de um longo corredor com imagens repetidas, criando a sensação de um espaço infinito. São duas propostas artísticas que trazem o elemento "espacialidade" como uma de suas principais características, principalmente quando tomamos contato com o contexto para os quais foram criados.

As imagens a seguir também fazem parte do trabalho *Representa Corisco* do brasileiro Ricardo Cançado, também conhecido como VJ Eletroiman. As composições desse artista misturam linguagens como vídeo, fotografia, colagem, desenho e animação 3D e são projetadas em fachadas de prédios.

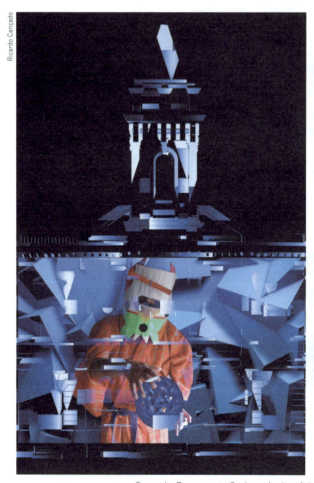

Cena de *Representa Corisco*. A obra foi projetada sobre igreja de Santo Antônio, no Vale do Anhangabaú, durante a Virada Cultural de São Paulo. São Paulo (SP), 2018.

- Você já viu esse tipo de projeção ao vivo?

Em relação aos personagens que aparecem nessas imagens e nas da abertura do capítulo, observe e responda:

- Você reconhece alguma dessas figuras?
- Pode identificar elementos que revelam o universo a que pertencem? Quais são eles?

Esse tipo de projeção, chamada *videomapping*, é desenvolvida sob medida para se ajustar a cada detalhe da fachada de um edifício. Com o auxílio de dispositivos que delimitam com precisão as áreas da projeção e programas de edição de imagens, o VJ pode criar animações que interagem com as formas da igreja, criando um trabalho híbrido que relaciona videoclipe, artes visuais, cinema, música e arquitetura. Os personagens mascarados, as cores fortes e contrastantes, penas e plantas são inspirados na cultura popular brasileira. Tente relacioná-los com festas tradicionais que você conhece de perto ou se lembra de ter estudado; verifique ainda se há algum ponto semelhante com essas figuras e cenários.

ANDANÇA
Misturando referências

Esta prática deve ser realizada em quartetos.

1. Sob a orientação do professor, cada integrante do seu grupo deverá pesquisar imagens de uma manifestação cultural brasileira diferente. O foco da pesquisa é encontrar festas populares que se utilizam de roupas, personagens, fantasias, objetos com características visuais próprias. Cada integrante deve reunir um acervo de imagens da manifestação escolhida.
2. Após a coleta de referências, cada aluno deve mostrar ao seu grupo o material reunido para que conversem sobre as características visuais das imagens. A partir desse acervo, o grupo deverá criar dois personagens por meio do recorte e colagem das imagens. O desafio é fazer com que cada figura reúna elementos visuais das quatro manifestações pesquisadas, criando um personagem híbrido, que mistura referências.
3. O resultado do trabalho de cada quarteto deve ser apresentado ao restante do grupo para que todos comentem sobre suas impressões e tentem atribuir características que imaginam para cada personagem.
4. A turma toda, em conjunto, deverá encontrar um modo de expor os resultados criativos para outros alunos ou pessoas da comunidade. A exibição deve ser em formato que contenha movimento, em que os personagens possa aparecer lado a lado ou um a um.

Dentro da obra de arte

Agora vamos rever o trabalho da artista **multimídia**, gravadora e pintora paulistana Raquel Kogan. A segunda obra que abre este capítulo e a imagem a seguir são da mesma instalação.

Reflexão#2 é uma instalação imersiva, ou seja, uma obra que envolve o espectador, fazendo-o imergir completamente, como em um mergulho, dentro do trabalho. Realizado em uma sala com dois espelhos posicionados frente a frente, cobrindo duas paredes inteiras, a artista cria uma ilusão visual, um corredor infinito diante dos olhos de quem entra na sala e se vê refletido e multiplicado pelo jogo de espelhos.

> **Glossário**
> **Multimídia:** que se utiliza de diferentes meios de comunicação ou linguagens.

Reflexão#2, de Raquel Kogan. Exposição Cinético-Digital no Instituto Itaú Cultural, São Paulo (SP), 2006.

Uma projeção com números cobre todo o chão e o corpo dos espectadores, o que reforça a sensação de estar integrado a esse ambiente.

- Que sensações essa textura, criada com números alinhados, provoca em você?

Um trabalho que "não existe"

- Quando você pensa em arte, também pensa em tecnologia? Por quê?

A imagem a seguir é de outra obra da mesma artista.

Neste trabalho, o público se vê diante de uma parede com diversos buracos pequenos, que o instiga a olhar através deles e ver o que há do outro lado. Mas não há nada para ser visto: em cada buraco há uma câmera com um sensor que capta a imagem dos olhos da pessoa que o observa. A imagem é gravada e transmitida, em **tempo real**, para uma tela que compõe um grande painel, formado pelos olhos captados pelas câmeras. Veja o que a própria artista diz sobre a obra: "O *O.lhar* é um trabalho que não existe. Ele só existe a partir do momento que o visitante olha no visor e, quando isso acontece, ele não vê nada, mas a obra o vê e em tempo real ele é jogado para uma projeção".

Glossário

Tempo real: na área tecnológica, esta expressão indica que um dispositivo digital responde às interações com o ambiente ou com outros dispositivos no momento em que ocorrem.

- Sobre que assuntos podemos conversar quando olhamos para um trabalho como esse?

Observe novamente a imagem. Veja que não existem apenas olhos captados pelas câmeras, mas também bocas. Você saberia apontar um motivo para isso?

Tela do projeto *O.lhar*, de Raquel Kogan. São Paulo (SP), 2012. A tela projeta, em tempo real, imagens do público interagindo com a obra.

Entre várias reflexões que a obra nos oferece, podemos afirmar que o trabalho é resultante da interação do público com esse dispositivo tecnológico: pessoas e máquinas criam, conjuntamente, uma composição visual na tela. Algumas pessoas perceberam como o dispositivo funcionava, e optaram por "brincar" com as possibilidades que ele oferecia, adicionando suas bocas nessa composição.

Por fim, como a própria artista comenta, o trabalho só pode acontecer quando o público tenta ver algo que não está lá! O ato de observar é invertido. A obra de arte é que observa o espectador e exibe de volta para ele suas próprias imagens de quando tentava descobrir o que estaria escondido atrás da parede. *O.lhar* é um trabalho que explora as possibilidades de criação oferecidas pelo uso de aparatos tecnológicos. Vamos nos aproximar de outros exemplos na seção a seguir, para entender um pouco mais esse universo criativo.

TRILHA
Arte e tecnologia

- Você já pensou que os aparelhos eletrônicos que utilizamos em nosso dia a dia também podem se integrar a trabalhos de arte?

Ao entender que a tecnologia digital pode ser uma linguagem que amplia o campo das artes visuais, diluindo fronteiras entre as linguagens, vamos nos aproximar de outros exemplos que envolvem a participação do corpo do espectador. Observe a obra da norte-americana Camille Utterback.

Text-rain (*Chuva de texto*), de Camille Utterback e Romy Achituv. Pittsburgh, Estados Unidos, 2004. Museu da Criança de Pittsburgh.

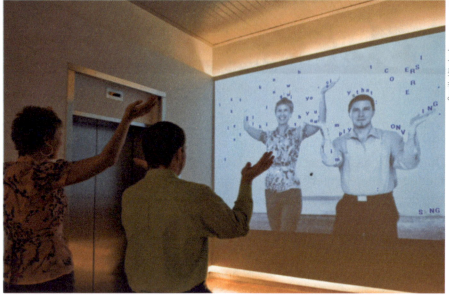

Text-rain (*Chuva de texto*), de Camille Utterback e Romy Achituv. Pittsburgh, Estados Unidos, 2004. Museu da Criança de Pittsburgh.

- Como funciona a interação entre a imagem e as pessoas?

Nessa instalação interativa, uma câmera de vídeo capta e projeta a imagem do público de forma espelhada. Por meio de sua projeção em preto e branco, as pessoas podem interagir com uma chuva de letras coloridas. Observe na imagem como as letras parecem pousar nos braços e na cabeça das pessoas. Essa interatividade convida o público a se relacionar de maneira diferente com a obra, quase como um jogo ou uma brincadeira.

Tente imaginar as pessoas que aparecem nas fotos diante de um desenho ou escultura. Parece improvável que alguém se mova dessa forma dentro de uma exposição de arte, mas é exatamente isso que está acontecendo diante desse trabalho – ele convida os espectadores a se moverem.

A tecnologia envolvida na elaboração da obra não pretende nos surpreender com a capacidade de realizar ações com autonomia, mas foi pensada para reagir e compor, junto de nós, imagens poéticas e até engraçadas, oferecendo uma experiência que passa diretamente pelo corpo.

Além disso, há outro elemento que aprofunda os sentidos dessa obra: as letras que caem não são aleatórias, elas formam linhas de um poema que fala sobre corpo e linguagem. Dessa maneira, tentar ler o poema se torna uma tarefa lúdica que envolve o corpo e a mente.

Agora vamos ver o trabalho da dupla Cantoni-Crescenti, que apresenta possibilidades de interação semelhantes e envolvem princípios da Ciência.

Auto-Iris, de Rejane Cantoni e Leonardo Crescenti (1954-2018). Exposição Consciência Cibernética, Itaú Cultural, São Paulo (SP), 2017.

Auto-Iris, de Rejane Cantoni e Leonardo Crescenti (1954-2018). Exposição Consciência Cibernética, Itaú Cultural, São Paulo (SP), 2017.

Auto-Iris, de Rejane Cantoni e Leonardo Crescenti (1954-2018). Exposição Consciência Cibernética, Itaú Cultural, São Paulo (SP), 2017.

Auto-Iris, de Rejane Cantoni e Leonardo Crescenti (1954-2018). Exposição Consciência Cibernética, Itaú Cultural, São Paulo (SP), 2017.

Nesse trabalho, fica evidente o predomínio das cores na ocupação do espaço. Trata-se de uma instalação imersiva em que câmeras acopladas a outros dispositivos se movem e captam informações do ambiente, ao mesmo tempo em que projetam imagens nas paredes que se fragmentam, multiplicam e sofrem alterações de cor. Todas essas alterações acontecem em resposta à luminosidade das próprias imagens projetadas e pela presença das pessoas na sala. Isso porque o equipamento possui uma série de "**íris**" mecânicas que reagem a esses estímulos.

Glossário

Íris: é a cavidade por onde a luz penetra dentro dos olhos.

As relações entre as informações do ambiente e o processamento pelos aparatos tecnológicos geram composições visuais que se espalham pelas paredes. Tais composições criam um diálogo direto do cinema e do vídeo com a pintura, explorando elementos compositivos dessa linguagem, tais como movimento, repetição, direção, contraste, claro/escuro e principalmente as relações entre cores e ritmos. Trabalhos como esse misturam as linguagens do cinema, do vídeo e da pintura. São o que podemos denominar trabalhos híbridos, ou seja, que unem diferentes linguagens e diluem as fronteiras entre elas.

Camille Utterback e a dupla Cantoni-Crescenti são artistas que elaboram obras com o uso de variadas ferramentas tecnológicas, envolvendo computadores, *softwares*, vídeo, projeções e multimídias. São exemplos de como esse tipo de tecnologia, em diálogo com um pensamento artístico, colabora na construção de obras interativas e imersivas, visando a outros tipos de relação entre público e obra.

ANDANÇA
Linguagem subjetiva e tecnologia

A partir das obras que já vimos até aqui, reflita.

- Você consegue imaginar quantas possibilidades diferentes de criação os programas de computador e dispositivos tecnológicos podem oferecer a um artista? Converse com os colegas e façam uma lista de todos os aparatos tecnológicos que vocês conhecem.

1. Com a lista em mãos, debatam sobre o que cada um desses aparatos pode oferecer, percebendo-os como elementos que criam uma linguagem, comunicam uma ideia.

2. Em um segundo momento, será natural imaginar interações entre esses elementos, ou com outros objetos que não estavam listados. Por exemplo: a interação de um celular com um espelho, ou de um instrumento musical com uma câmera fotográfica.

3. Em grupo de três ou quatro colegas, desenvolva um projeto artístico que tenha relação com tecnologia. Você pode partir dos aparelhos e/ou objetos que escolheu e das interações entre eles. Pense também em um tema a ser explorado; isso pode definir a inclusão de outros elementos e até do espaço onde seu trabalho será montado. Pense em todos os detalhes, faça desenhos técnicos ou ilustrações que simulem os efeitos que deseja criar. Imagine que sua proposta pode ser realizada por outras pessoas, por isso não deixe lacunas em seu memorial descritivo.

4. Ao final, o professor deve conduzir as sessões de apresentação de projetos entre os grupos de criação. Essa apresentação deve ser clara e objetiva e servirá como ponto de partida para que a turma avalie sua produção. Existe a possibilidade de realizar algum desses projetos ou todos eles? Caso seja preciso escolher, quais serão os critérios de escolha que a turma pode adotar? O professor pode conduzir o processo de "curadoria" e "produção executiva" para que a turma realize o maior número de propostas possível, mesclando ideias e descobrindo soluções ao longo de suas execuções.

Mirante

Tempo e tecnologia

Embora, hoje em dia, a palavra "tecnologia" seja usada para falar de aparelhos, computadores, robôs, inteligência artificial etc., a tecnologia sempre esteve presente nas criações do ser humano, em todos os objetos e técnicas desenvolvidos na história da humanidade.

De um ponto de vista mais amplo, podemos classificar a tecnologia como uma capacidade de manipular materiais, usando-a para criar instrumentos, objetos, engrenagens, construções ou um conjunto desses elementos integrados para realizar determinada tarefa. Uma colher, um sapato, uma casa, uma bicicleta ou uma cor são artefatos criados para desempenhar funções que ajudam o homem a desenvolver seu sistema de vida. São frutos do conhecimento das épocas e dos lugares em que surgiram, portanto, podem também ser considerados tecnologia.

Toda a história da arte acompanha os avanços tecnológicos de cada época e cultura. Tanto as pinturas rupestres, deixadas pelas sociedades pré-históricas gravadas nas paredes de grutas e cavernas quanto as impressoras 3D usadas atualmente são técnicas que a humanidade inventa para criar formas novas ou reproduzir as já existentes.

Observe as pinturas rupestres (pré-históricas) mais antigas encontradas no Brasil. Não se pode confirmar sua função nem seus significados, por terem sido feitas por sociedades antigas cuja cultura não chegou até nós.

Pinturas rupestres na Toca do Fundo do Baixão da Pedra Furada. Parque Nacional da Serra da Capivara. São Raimundo Nonato (PI), 2018.

- Que elementos você reconhece nessas inscrições? Converse com os colegas e crie um significado imaginário para elas.

A seguir, vemos a imagem de uma impressora 3D. Esse aparato propiciou o desenvolvimento de peças e objetos que não poderiam ser fabricados antes, contribuindo para o avanço de muitas áreas do conhecimento, da engenharia à medicina.

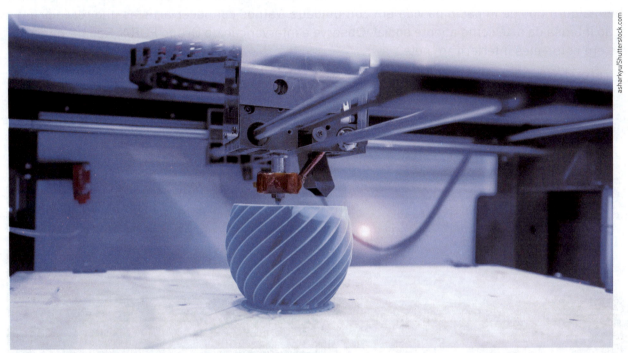

Máquina de impressão em três dimensões "imprimindo" um objeto.

Essas criações podem ser utilizadas na vida prática ou cumprir funções simbólicas, que alimentam o imaginário de uma comunidade. Podemos afirmar que os artistas continuamente se apropriaram e continuam se apropriando de recursos tecnológicos para suas criações.

Muitos materiais e instrumentos foram também desenvolvidos especialmente para solucionar questões técnicas da arte, como é o caso da tinta a óleo, que substituiu a têmpera na pintura de quadros no século XIV. A têmpera, por ser uma tinta feita com clara de ovo e outros materiais perecíveis, tinha pouca resistência ao tempo, perdendo coloração ao longo dos anos. Além disso, sua secagem rápida eliminava a possibilidade de retoques nas imagens enquanto eram pintadas. A tinta a óleo foi uma revolução que apresentou diversas vantagens aos pintores da época, pois sua secagem não acontecia sem o contato com o selante, permitindo ao artista continuar misturando tintas e fazendo alterações no trabalho por muito tempo, às vezes, anos. Além disso, a coloração da tinta a óleo é mais resistente ao tempo, sem alterações de tom.

Isso não significa dizer que a tinta a óleo é melhor do que a têmpera, mas que propiciou novas possibilidades de realização em pintura. Cada técnica tem suas qualidades expressivas únicas, e elas se adaptam a diferentes produções. Os artistas contemporâneos têm ampla liberdade para escolher qualquer técnica existente, do passado ou do presente, de acordo com suas intenções estéticas. Podem até, como acontece, criar uma nova técnica para concretizar uma ideia.

TRILHA
Ações em rede

As tecnologias estão presentes em todas as áreas do conhecimento e têm impacto direto sobre o modo como vivemos. A arte, sendo também um campo de conhecimento, sempre se utilizou de técnicas e ideais que as tecnologias oferecem para descobrir novos caminhos.

Nesta seção, vamos nos aproximar de trabalhos que buscam, cada um a seu modo, produzir também algum tipo de impacto na vida em comunidade. Vamos conhecer artistas que reivindicam a atuação intensa da arte como agente social. Observe a intervenção do Grupo FORA. Repare na paisagem e em como eles interferiram nela.

Intervenção *Adote um jardim*, do Grupo FORA. Florianópolis (SC), 2012.

- Qual é o impacto que essa proposta poderia causar nas pessoas desse lugar?

Nas imagens, vemos caixas de feira contendo plantas, espalhadas pela calçada de um terreno na cidade de Florianópolis (SC). Nessa ação, foram utilizadas plantas encontradas em um terreno baldio. Plantas decorativas não foram aceitas nesses caixotes, dando prioridade às espécies que costumam crescer em lugares descampados, instalando-se em locais devastados e preparando o solo para que outras plantas possam se desenvolver depois.

As caixas de feira foram disponibilizadas em um evento e colocadas em uma calçada. A ideia foi sensibilizar as pessoas a cuidarem dessas plantas "sem-terra", segundo palavras do próprio coletivo. Deslocar as plantas de um local onde estavam esquecidas para o meio da calçada foi uma operação que as deixou em evidência e, ao mesmo tempo, vulneráveis.

Intervenção *Adote um jardim*, do Grupo FORA. Florianópolis (SC), 2012.

Essa situação provoca as pessoas que vivem nas proximidades a adotá-las, uma vez que, se não fossem retiradas das caixa de feira e plantadas na terra, iriam morrer. Desse modo, o Grupo FORA encara o fazer artístico como um gesto criativo que chama a atenção das pessoas para algo fora do comum, convidando-as a interagir com uma ideia e a refletir sobre os espaços que ocupamos e a colaboração e a relação com os elementos naturais. Pensando em arte como ação, reflita e responda.

- Que tipo de intervenção você poderia propor em seu bairro?
- Sobre qual tema a sua intervenção convidaria os moradores a pensar?

Observe o trabalho de Juan Parada nas quatro imagens a seguir e leia a legenda com atenção.

Intervenção objetual urbana da série *Invólucros*, de Juan Parada. Realizada na região central de Curitiba, dentro do projeto *Jardinagem: territorialidade, temporalidade, ato político*, de Faetusa Tezelli, 2015.

- Você percebe alguma relação com o trabalho do Grupo FORA?

45

Nas imagens, vemos o artista Juan Parada "instalando" objetos em fachadas, sem a presença de espectadores. Os objetos são criações suas, chamados de "invólucros" normalmente em cerâmica, contendo plantas resistentes a variações de luz, temperatura e umidade. A associação das peças com as plantas cria um elemento que tem atributos estéticos, assim como finalidade de abrigar um ser vivo.

Diversas obras desse artista partem dessa associação, mesclando elementos construídos artesanalmente com plantas.

- Por que o artista optou por posicionar seus invólucros em lugares como os que aparecem nas fotos?

O trabalho de Juan Parada, para além dos objetos que criou e da sua ação solitária de espalhá-los pela cidade, é um gesto que introduz o elemento vegetal na paisagem árida da região central de uma grande cidade. Podemos imaginar que essas plantas irão se desenvolver e talvez se tornem mais perceptíveis em meio à paisagem. Desse modo, sua interferência continua se expandindo nos locais onde foram instaladas.

Nas quatro imagens anteriores, vemos a intervenção objetual urbana da série *Invólucros*, de Juan Parada. Realizado na região central de Curitiba, dentro do projeto *Jardinagem: territorialidade, temporalidade, ato político*, de Faetusa Tezelli, 2015.

TRILHA
A jardinagem como arte ou a arte pela jardinagem

Coletivos de arte e artistas de todo o país desenvolvem ações que envolvem arte e jardinagem, pensando sobre novos modos de viver em coletividade. As criações desses grupos se conectam e suas ideias são realizadas em diferentes lugares, quase sempre fora de museus e galerias, formando uma rede de artistas/ativistas. Algumas vezes a autoria de um trabalho é compartilhada por diferentes pessoas.

- Você já imaginou criar uma rede de amigos para realizar ações criativas que interfiram e contribuam com a sua comunidade? Como isso aconteceria?

Observe com atenção o trabalho das artistas Ines Linke e Louise Ganz. Repare na movimentação das pessoas.

Nas quatro imagens, vemos *Muro jardim*, de Ines Linke e Louise Ganz. Belo Horizonte (MG), 2011.

- É possível detectar em que consiste esse trabalho e imaginar como ele acontece?

O trabalho *Muro jardim* foi a instalação de um jardim e a criação de uma área de convivência no terreno de um bairro residencial em Belo Horizonte (MG). Ervas foram plantadas e uma mesa e um banco foram instalados de modo a "atravessar" o muro desse local, ficando dividido: uma parte voltada para a rua, outra parte do lado de dentro da área escolhida.

Qualquer pessoa poderia ter acesso ao espaço interno e externo, onde ocorreram conversas sobre as diferentes plantas e situações de convivência diversas. As artistas também fizeram chás e saladas que foram compartilhadas com os visitantes. O foco dessa ação foi demonstrar outros modos de se compartilhar espaços, saberes e fazeres.

- Em qual espaço você prefere conviver com colegas e amigos? Como é esse lugar? É possível melhorá-lo? Como?

47

Essas propostas artísticas podem ser inspiradoras de projetos a serem realizados na sua escola ou no seu bairro, com os vizinhos.

Olhe para o entorno:

- Em que local seria possível realizar um plantio?
- É preciso fazer alguma alteração no local escolhido?
- Quais seriam as plantas?
- Quais cuidados eles requerem?

AMPLIAR
Hayao Miyazaki – Um artista que convida a viagens interiores

Os artistas abordados nesta unidade expandem os conceitos do que comumente chamamos de arte, por meio de trabalhos realizados em suportes, locais e formatos pouco usuais, processos de criação coletivos e trabalhos que contam com a colaboração do público, ou interferem no cotidiano das pessoas; trabalhos que são instalados em locais improváveis (onde geralmente não há a presença de arte) para serem encontrados por pessoas que passam por ali; e trabalhos que se utilizam da tecnologia para criar ambientes e ilusões de ótica. Todas essas obras nos provocam a perceber a vastidão dos conceitos, materiais, estéticas e modos de trabalho presentes no universo da arte. Pensando nisso, você saberia dizer o que todas essas criações poderiam ter em comum?

É certo afirmar que, em todos os exemplos citados, temos obras que não pretendem reproduzir modelos já existentes. Então podemos dizer que a diversidade das produções apresentadas se deve ao senso de liberdade criativa de seus autores. Nesta seção, vamos nos aproximar de uma animação que se destaca por fugir dos padrões das produções que geralmente conquistam

Cena do filme *A viagem de Chihiro*, de Hayao Miyazaki, 2001.

grande público em cinemas e televisões. *A viagem de Chihiro* (2001) é uma animação japonesa, do diretor Hayao Miyazaki, que narra uma aventura da menina Chihiro, com personagens complexos (que não são apenas bons ou maus) e muitos elementos simbólicos que estimulam reflexões filosóficas sobre a vida. A estética dos animes (histórias em quadrinhos tradicionais japoneses) se mantém, mas os cenários, desenhados com riqueza de detalhes e efeitos de computação gráfica, acrescentam delicadeza ao visual exuberante do filme.

A história começa com a garota Chihiro e os pais entrando no que parece ser uma cidade vazia e misteriosa, depois de se perderem em um trajeto que faziam de carro. Enquanto a garota observa o local, seus pais encontram uma barraca, também vazia, cheia de comidas frescas expostas e decidem fazer uma refeição até que o dono do estabelecimento apareça. Quando Chihiro retorna de sua caminhada, percebe que eles não conseguem parar de comer e de repente começam a se transformar em porcos...

Cena do filme *A viagem de Chihiro*, de Hayao Miyazaki, 2001.

Ao mesmo tempo, cai a noite e a garota descobre que a cidade é habitada por muitos espíritos de diferentes formas e comportamentos. Assim começa uma jornada em que ela precisará descobrir como resgatar os pais e sair desse mundo fantástico.

Cena do filme *A viagem de Chihiro*, de Hayao Miyazaki, 2001.

A viagem de Chihiro é considerada uma das melhores animações de todos os tempos por diversos críticos de cinema e obteve projeção mundial. O cinema de animação é uma linguagem que permite explorações visuais intensas; isso acontece porque suas cenas, mesmo que ocorram em cenários fantásticos, não precisam transmitir o realismo que é exigido do cinema, que se utiliza de atores reais. Os personagens das animações também são construídos, assim como os cenários e efeitos. Suas imagens podem ser criadas por desenhos, pinturas, ilustrações digitais, em outros casos também por cenários e bonecos tridimensionais. Podem utilizar-se de apenas uma técnica ou misturar todas elas. Sendo assim, o universo das animações é um campo a ser explorado, com filmes que privilegiam a autenticidade no modo de narrar uma história com recursos visuais únicos.

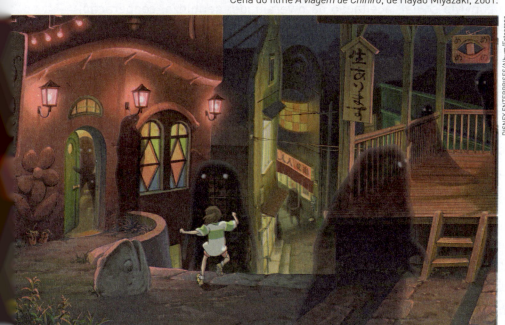

Cena do filme *A viagem de Chihiro*, de Hayao Miyazaki, 2001.

49

Chegada

Coletividade e transformação

Com o fim desta unidade, fechamos um ciclo. Passamos por muitos conceitos e modos de produzir arte, entendemos sua potência como linguagem e como campo de conhecimento que se relaciona com uma rede complexa de conteúdos, percepções e reflexões propostas a cada capítulo. Apuramos nossa capacidade de observação, nossa relação com as imagens e senso de identidade. Entendemos um pouco das variáveis que nos permitem chamar de arte uma infinidade de manifestações expressivas diferentes. Ampliamos nosso repertório pessoal e exercitamos a linguagem simbólica. Refletimos sobre os elementos que integram uma composição, assim como suas ilimitadas combinações. Movemos nossa sensibilidade em práticas e conversas que buscaram valorizar a diversidade de pontos de vista e o sentido de alteridade.

As sementes foram lançadas, no sentido de um aprendizado significativo e integrado! Agora é hora de colher seus frutos! Mãos à obra!

Esta prática final pretende criar uma situação lúdica que desafie os participantes a agirem de modo poético e transformador em seu entorno, de maneira autônoma ou em conjunto.

O professor deverá orientar a realização de um mapeamento de ações a serem realizadas em espaços da escola ou em seu entorno.

1. Prepare com os colegas e o professor uma série de cartelas com instruções que estejam ligadas às ações transformadoras mapeadas previamente, que possam interferir positivamente em diversos espaços de sua região. É importante pensar quais ações, grandes e pequenas, elas podem gerar. É possível dividir uma ação em etapas, destinando uma cartela para cada uma das etapas. Crie uma marcação específica para essas cartelas, que devem ser identificadas pelo título AÇÕES COLETIVAS, afinal elas serão realizadas pelo grupo todo. Pense em uma pontuação de acordo com a dificuldade de realização de cada ação ou etapa. Quanto mais complexo, maior o número de pontos ganhos. Crie de 8 a 12 cartelas dessa categoria.

2. Em seguida, prepare com os colegas e o professor uma série de cartelas intituladas pequenas ações poéticas de convivência. Mas o que seria isso? Um grupo de cartelas que contenham pequenas ações ligadas ao convívio social, aceitação da diversidade, gentileza, cooperação, valorização do outro etc. Seguem alguns exemplos:

    - Encontre uma pessoa que você não costuma cumprimentar. Cumprimente-a com gentileza, ganhe + 10 pontos.
    - Se, além de cumprimentar, vocês conversarem, ganhe + 10 pontos.
    - Regue uma planta que está precisando de água, ganhe + 5 pontos.
    - Procure, no local onde você está, elementos que deveriam ter sido jogados no lixo, mas estão no chão. Coloque-os no local adequado e ganhe + 8 pontos.
    - Pense em um colega de quem você não se sente tão próximo. Diga à turma toda um aspecto positivo que você conhece ou percebe nele e ganhe + 12 pontos.

3. Encontre outras situações semelhantes e demarquem essas cartelas como AÇÕES INDIVIDUAIS. Crie o máximo de cartelas que puder. Crie um número considerável de cartelas com instruções diferentes. Algumas podem se repetir. O importante é que no final vocês tenham criado um conjunto de pelo menos 30 instruções. Reproduzam as cartelas quatro vezes, com cópias impressas ou feitas à mão.

4. Com os quatro conjuntos de cartelas prontos, dividam-se em quatro grupos. Cada grupo vai receber um conjunto de cartelas, formar uma roda e colocar o monte de cartelas no centro da roda. Os jogadores, um a um, deverão tirar uma cartela do monte. Ao final, cada um revela sua tarefa indicada pela cartela em sua mão e tenta realizá-la. Quem a realiza recebe a pontuação completa; quem não conseguiu realizá-la, não recebe pontuação nessa rodada. O jogo segue até que cada um tenha realizado três tarefas. Somam-se os pontos de cada jogador e o total obtido pelo grupo. A pontuação obtida por cada grupo delimita quem venceu a primeira etapa.

5. Na segunda etapa, cada grupo vai retirar uma cartela do monte AÇÕES COLETIVAS pela ordem: do mais pontuado ao menos pontuado. O grupo vencedor da primeira etapa ganha o direito de realizar uma troca de sua ação coletiva, caso não esteja satisfeito com a primeira cartela.

6. Agora os grupos se empenham para realizar a tarefa coletiva. Um jogo como esse não precisa acontecer em apenas um dia. Planejem um passo a passo, verifiquem quais materiais são necessários, quem vai cedê-los, realizem um cronograma se for preciso e combinem com todos os envolvidos como será sua ação, onde, quando.

7. Mãos à obra! A ideia é que cada grupo realize sua ação. Somando os pontos das AÇÕES COLETIVAS com os pontos obtidos por todos com as AÇÕES INDIVIDUAIS, verifica-se qual grupo recebeu mais pontos, ou seja, qual será reconhecido como o mais transformador do ambiente à sua volta.

8. Convidem todos os participantes, alunos, professores, funcionários e familiares para um grande piquenique, no qual poderão compartilhar suas histórias e experiências com essa ação.

Ao longo desta unidade, pudemos investigar algumas ações em rede, procedimentos coletivos que geram impacto direto na sociedade. Observamos as conexões entre a palavra e a literatura e as artes visuais, em criações que usam a cidade com o espaço de leitura de mundo. Refletimos também sobre as diferentes tecnologias e seus usos. Especificamente sobre tecnologias digitais e virtuais, exploramos lugares em que a arte é construída para que o público possa ser parte integrante do trabalho. Com base nesses e outros conceitos, reflita:

- De que forma a arte pode se manifestar em espaços que não são museus ou galerias?
- Como a literatura pode se manifestar nas intervenções de arte em espaços públicos?
- O que define uma intervenção urbana? Como um trabalho de arte pode interferir em espaços da cidade?
- Como a tecnologia pode interferir em criações artísticas? Cite exemplos de obras de arte que podem ser realizadas com uso de tecnologia.
- Em que a arte pode contribuir com ações para que ocorram transformações sociais? Em quais outros contextos ou formatos a arte se revela também um agente de mudanças sociais?
- Das práticas artísticas apresentadas nestes capítulos, qual ou quais modos de fazer coletivo chamou mais sua atenção? A partir do que você viu, imaginou e praticou neste nono ano, o que é a arte para você?

UNIDADE 2
TEATRO

Cena do espetáculo *A mulher do fim do mundo*, da Companhia Casa Circo, de Macapá. Palmas (TO), 2018.

Partida

Nosso trajeto até aqui, nos levou a conhecer o teatro como linguagem artística, por meio de espetáculos e artistas de diferentes regiões do país e do mundo que apresentam, em comum, a possibilidade de um encontro entre artistas e público, seja em um edifício teatral ou espaço público. Esse encontro é uma oportunidade de diversão, de contar e ouvir histórias, de refletir sobre a vida e o mundo que nos cerca.

Nesta unidade, vamos pensar juntos sobre o teatro como instrumento capaz de impulsionar mudanças, sejam elas pessoais, sejam elas coletivas.

Como arte da ação e do fazer, o teatro nos convida a uma participação crítica e ativa nos espaços por onde passamos.

O teatro em ação

Urubus, de Pavilhão da Magnólia e a Companhia Prisma de Artes. Fortaleza (CE), 2016.

1 Ao observar essas imagens, quais elementos teatrais você reconhece em cada uma delas?

Seja um espetáculo solo, como *A mulher do fim do mundo* – que explora recursos de iluminação –, seja um trabalho de grupo, como *Urubus* – no qual dois grupos de teatro criam um espetáculo juntos e optam por dar destaque aos figurinos –, o teatro se mantém como um lugar para nossas inquietações e um espaço plural de compartilhamento e troca de diferentes realidades e pontos de vista.

CAPÍTULO 1
O diálogo entre realidade e ficção

A vida, real e imaginária, tudo o que percebemos por meio de nossos sentidos e de nossa imaginação, é material para a criação de uma cena ou de um espetáculo.

O ator Luciano Mallmann escreveu e fez a produção do espetáculo *Ícaro*, em que ele também atua. Porto Alegre (RS), 2017.

Cena do espetáculo *As mulheres do aluá*, do grupo O Imaginário. Rio Branco (AC), 2016.

De maneira geral, aspectos do nosso dia a dia, da nossa história e de histórias que nos tocam de alguma maneira servem de ponto de partida para a elaboração de um evento teatral a ser compartilhado com o público, capaz de reunir pessoas interessadas em pensar, por meio da arte, nas questões da realidade que nos cerca.

- Ao analisar apenas as imagens e legendas, qual seria o ponto de partida ou assunto de cada um desses espetáculos?

- Você reparou que, nas duas imagens, há gestos com a mão? Na sua visão, o que esses gestos podem sugerir em cada uma das imagens?

CAMINHOS
Teatro e reflexão

No teatro, temos a oportunidade de escolher determinado assunto que nos interessa e pensar sobre ele por meio da criação de uma ou mais cenas, ou um espetáculo inteiro.

Um grupo de pessoas se reúne em uma sala de ensaio – que pode ser uma sala ou o pátio da escola, a garagem da casa de alguém, o coreto da praça ou qualquer outro lugar em que haja espaço para a criação de um material cênico a ser mostrado como espetáculo para outras pessoas.

Durante o período de ensaio, esse material vai sendo trabalhado por todas as pessoas da equipe e o espetáculo é construído dentro da pluralidade de ideias.

Quando essa cena ou espetáculo é compartilhado com o público, toda a reflexão e construção realizada pelo grupo se coloca em contato com novas reflexões e construções realizadas pela plateia. Então o teatro acontece. Houve uma troca de pensamentos, de pontos de vista, através da linguagem teatral.

Vamos retomar as imagens que vimos até agora, relacionando-as entre si e entre outras imagens dos mesmos espetáculos. Ao mesmo tempo, vamos pensar na maneira como esses trabalhos se organizaram na abordagem de temas relevantes para cada uma de suas realidades.

TRILHA
Cena e público próximos

Observe outra imagem do espetáculo *A mulher do fim do mundo*. Veja novamente a primeira foto na abertura desta unidade.

Luiza Nobre

Cena do espetáculo *A mulher do fim do mundo*, da Companhia Casa Circo de Macapá (AP). Teatro das Bacabeiras, Macapá (AP), 2018. A proximidade entre cena e plateia cria um espaço de intimidade que dialoga com os temas do espetáculo.

- Naquela imagem, era possível imaginar uma relação tão próxima da atriz com o público?

No solo desta imagem, a atriz e bailarina Ana Caroline mistura o teatro, a dança e o circo para fazer uma discussão sobre o corpo feminino, e conflitos e debates sobre este tema na sociedade atual.

Ana Caroline parte daquilo que observa e sente sobre a realidade que a cerca, sendo artista e mulher. Sua proposta é um espetáculo solo como forma de debater temas presentes nesse contexto.

Ao misturar três linguagens das artes cênicas (teatro, dança e circo), o espetáculo destaca o corpo da atriz, revelando múltiplas possibilidades expressivas de movimentação e de construção de imagens por meio dele.

A proximidade com a plateia faz o público se sentir dentro da cena e conseguir perceber de maneira bem próxima as transformações do corpo da atriz ao longo do espetáculo. A troca de olhares entre artista e público colabora com a interatividade entre cena e plateia.

- Você já assistiu a algum espetáculo no qual esteve bem próximo da cena e quem estava em cena olhava diretamente para você? Qual foi a sensação? Se você não teve essa experiência, que sensação você imagina que teria?

Agora, vamos retomar a imagem do espetáculo *As mulheres do aluá*. Ao observar a imagem a seguir, perceba que há um trabalho gestual característico nesse espetáculo.

- Como você interpreta o gesto que elas fazem na foto de abertura deste capítulo e como interpreta o gesto da foto a seguir?

Leonardo Valério

Amanara Brandão, Agrael de Jesus, Flavia Diniz e Zaine Diniz são as atrizes que colocam em cena as histórias de quatro mulheres **ribeirinhas** da região amazônica que viveram em diferentes épocas, mas com uma característica em comum: todas sofreram algum tipo de opressão.

Cena do espetáculo *As mulheres do aluá*, do grupo O Imaginário. Rio Branco (AC), 2016.

O espetáculo baseia-se em histórias reais da região amazônica durante o **ciclo da borracha** (1879–1912) e em outros períodos, criando uma ficção com elementos fantásticos. As atrizes propõem um recorte histórico e uma reflexão sobre a realidade das mulheres desses contextos.

O espetáculo é construído a partir de elementos da cultura ribeirinha, e essa escolha aproxima o público da encenação. A sinopse da peça informa que quatro mulheres foram condenadas a ficarem trancadas em celas esquecidas na floresta. Com o passar do tempo, elas se transformaram em pedra. Uma vez por ano, essas mulheres voltam à forma humana e se reúnem para beber e festejar o aluá – uma bebida fermentada de abacaxi feita pelos indígenas na Amazônia. Enquanto preparam a bebida, elas relembram suas histórias e memórias com a plateia. Depois, bebem o aluá e retornam à condição de estátuas de pedra.

O espetáculo utiliza o mínimo de elementos necessários para contar a história: as celas, onde no início do espetáculo as mulheres estão presas, e o pilão para a preparação da bebida. Tal escolha da encenação proporciona que o foco do espetáculo sejam as histórias que cada uma das quatro mulheres oferece ao público.

Glossário

Ciclo da borracha: momento histórico brasileiro, muito forte na região amazônica, que se relaciona com a extração do látex das seringueiras para a produção e o comércio da borracha.
Ribeirinhas: pessoas que moram próximas de um rio ou ribeira.

ANDANÇA
História de uma prática coletiva

A história do aluá, considerado por muitos o primeiro refrigerante brasileiro, está ligada à vinda dos portugueses para o Brasil. O aluá como conhecemos hoje é resultado da mistura da bebida trazida pela cultura portuguesa em contato com a cultura dos negros escravizados e dos indígenas brasileiros. Existem variações da receita e do modo de preparo. Diversas histórias acompanham a fabricação e o consumo da bebida em cada região onde ela está presente.

Você conhece alguma história ligada à preparação de algum tipo de comida ou bebida na região em que mora? Muitas vezes, o surgimento de um prato ou bebida típicos de uma comunidade apresenta uma história com muitos elementos que podem inspirar uma cena e até uma peça inteira.

Em grupos de cinco pessoas, vamos pensar em uma cena cujo ponto de partida seja uma comida ou bebida típica do lugar onde moramos.

1. Cada pessoa do grupo deve pesquisar uma comida ou bebida da região.
2. Compartilhem as histórias dessa comida ou bebida entre o grupo.
3. Depois de trocarem as histórias, conversem sobre elas focando em alguns elementos: de onde a comida ou bebida veio? Ela foi trazida ou inventada por uma pessoa ou um grupo de pessoas? Existe algum simbolismo na origem ou no preparo dessa comida ou bebida?
4. Com esses elementos, vocês podem organizar uma cena escolhendo os personagens, o lugar onde a história se passa, o processo de preparação ou de consumo dessa comida ou bebida.
5. Todas as pessoas do grupo podem atuar, escrever e dirigir a cena. Será um trabalho de criação coletiva.
6. Vocês podem ensaiar a cena e organizar uma apresentação para a turma.

Coordenadas

Ícaro

Assim como *As mulheres do aluá*, o espetáculo *Ícaro* é uma encenação que coloca o foco na narrativa e no trabalho do ator. O nome remete ao personagem da mitologia grega Ícaro, filho do arquiteto Dédalo. Ícaro tentou fugir do labirinto do minotauro usando asas de cera criadas pelo seu pai, mas como voou muito perto do Sol elas derreteram e ele caiu.

Em 2004, o ator Luciano Mallmann sofreu uma queda que o deixou paraplégico.

Esse é um exemplo de espetáculo solo que se constrói a partir de questões do corpo da pessoa em cena.

Ícaro, de Luciano Mallmann, foi apresentado no Festival Cena Contemporânea em Brasília (DF), 2018.

- Você já assistiu a um espetáculo com algum ator ou atriz com deficiência? Qual foi a sua impressão dessa presença em uma peça de teatro? Se você não assistiu, como você imagina uma peça com um ator ou uma atriz nessas condições? Quais são as potencialidades deles? Por quê?

O desejo de compartilhar histórias da sua realidade fez o ator cadeirante reunir seis depoimentos de pessoas que vivem nas mesmas condições que ele.

Ao longo do espetáculo, ele vai narrando e interpretando essas histórias, que discutem temas que vão além do universo de pessoas cadeirantes. São temas de interesse de todo ser humano, como nossas vulnerabilidades, relacionamentos amorosos, relacionamento entre pais e filhos, preconceitos e outros.

Novamente, a realidade e o cotidiano servem de material para a criação de um trabalho artístico na forma teatral, capaz de ampliar o debate e gerar uma transformação na maneira como a sociedade lida com determinados temas.

TRILHA
Dois grupos, uma nova realidade

A vontade de discutir cenicamente a herança política de nosso país fez o grupo Pavilhão da Magnólia convidar a Companhia Prisma de Artes para a criação do espetáculo *Urubus*.

Observe a imagem abaixo. Você pode olhar novamente a outra foto do mesmo espetáculo na abertura desta unidade para ter mais referências.

Cena de *Urubus*, do grupo Pavilhão e Companhia Prisma de Artes. Fortaleza (CE), 2016.

- Como você descreveria o figurino da peça?

A cooperação entre os dois grupos se deu em um processo colaborativo. Um texto dramatúrgico chamado *O palácio dos urubus*, escrito pelo dramaturgo Ricardo Meireles nos anos 1970 serviu de inspiração para a criação da peça.

A peça original mostra a decadência da monarquia em uma ilha tropical não muito distante, revelando o descaso e a corrupção presentes na política.

Ao transpor esse panorama para os dias atuais, os grupos escolheram manter um figurino que faz referência direta às roupas dos nobres da monarquia. O figurino, todo branco, com perucas e maquiagens também brancas, tem a intenção de exagerar e dar um toque de humor a essas figuras, remetendo à ideia de uma classe dominante que se enxerga como branca, pura. Por outro lado, faz essas figuras também se parecerem com fantasmas de outros tempos, que reaparecem e rondam os dias de hoje. Duas interpretações possíveis para as mesmas informações visuais: assim é a linguagem da arte.

O espetáculo acontece nas ruas e praças por onde passa. A escolha por esses espaços está ligada às pesquisas dos grupos a respeito do teatro popular, capaz de alcançar diversos públicos.

Atuar diretamente no cotidiano da cidade é uma das possibilidades do teatro de rua e uma oportunidade de contato direto dos artistas com a realidade que lhes inspira e que pretendem transformar por meio da arte.

Por todas as características apontadas, podemos afirmar que o espetáculo trata de temas do passado para provocar reflexões sobre o presente. É preciso olhar para eles para repensar nossa realidade.

Clareira

Ricardo Meireles

Ricardo Meireles Vieira nasceu no Rio de Janeiro e atualmente vive em Macaé (RJ). Sua produção teatral começou nos anos 1960, de forma amadora. Nos anos 1970, inscreveu o texto "Disse adeus às ilusões e embarcou para Hollywood" em um concurso nacional de dramaturgia e, em meio a mais de 300 textos, teve o seu escolhido. O prêmio foi a leitura pública do texto. Isso permitiu que seu trabalho começasse a ser reconhecido e montado em diversas cidades brasileiras.

Ricardo Meireles comemorou 40 anos de dramaturgia. Macaé (RJ), 2016.

Formado em História, Meireles atuou como professor e também já participou da vida pública como vice-prefeito de Macaé, entre 1997 e 2004, além de ter sido secretário e vice-presidente do Acervo e Patrimônio da Fundação Macaé de Cultura.

A produção dramatúrgica de Meireles é composta de 28 peças, com destaque para *O palácio dos urubus*, *Fero-cidade*, *Os bons tempos voltaram*, *Adeus ao bolero* e *Enquanto mamãe não vem*. Seu trabalho já foi apresentado em todos os estados brasileiros e em países como Alemanha, Islândia e Venezuela.

TRILHA
XIX – O espaço real transformado através do teatro

A trajetória do Grupo XIX de Teatro, fundado em 2001 em São Paulo (SP), ilustra outra relação entre um grupo de teatro e um espaço na cidade. O primeiro espetáculo do grupo, chamado *Hysteria*, foi apresentado em diversos edifícios históricos públicos, alguns até abandonados. A utilização desse tipo de espaço como cenografia é uma das características do grupo.

Na imagem a seguir, uma das atrizes faz uma cena na janela do lugar onde a peça é apresentada.

Cena de *Hysteria*, do Grupo XIX de Teatro. Belo Horizonte (MG), 2006. Atrizes e plateia feminina dividem o mesmo espaço.

- Que lugar você imagina ser esse? O que está acontecendo na cena?

Desde a estreia, o espetáculo é apresentado em prédios antigos, em atividade ou não. O Museu Mineiro, em Belo Horizonte, recebeu o espetáculo durante a edição do Festival Internacional de Teatro em 2006.

Além da questão espacial, outro detalhe chamava a atenção nessa peça: a plateia era dividida entre homens e mulheres. Os homens assistiam à peça de um lugar fora da cena e as mulheres ocupavam alguns bancos de madeira, como vemos na foto, dividindo o espaço cênico com as cinco atrizes. Aos poucos, acontecem algumas interações entre as mulheres da plateia e as atrizes, o que acaba transformando algumas cenas do espetáculo, fazendo dele um trabalho interativo que acontece de forma leve e delicada.

O segundo trabalho do grupo é fruto da residência artística que o grupo realiza desde 2004 na Vila Maria Zélia, na zona leste de São Paulo. Por meio da criação e das apresentações do espetáculo *Hygiene*, o grupo desenvolveu uma relação com os moradores da vila, o que acabou por transformar o vínculo dos próprios moradores com o valor histórico desse patrimônio: a primeira vila operária de São Paulo, estruturada com casas e equipamentos para serviços de saúde, educação e lazer.

Cena de *Hygiene*, do Grupo XIX de Teatro, na Vila Maria Zélia. São Paulo (SP), 2016.

- Na foto acima, o que chama mais a sua atenção?
- Que lugar é esse onde se passa a cena?

Observe como o ator se coloca no centro da entrada de um dos prédios abandonados da Vila e se relaciona com a plateia, que se posiciona na rua em frente a ele. Essa disposição simétrica do ator em relação ao prédio, em um nível mais alto que o público na rua, permite que o público assista à cena e tenha o foco não apenas no ator, mas também no cenário real da Vila, colocando realidade e ficção no mesmo lugar.

A presença do grupo na Vila Maria Zélia busca destacar a arquitetura e a história do lugar. Por meio de ações que vão desde arrecadar fundos para corrigir um problema de goteiras em um dos prédios, passando pelo oferecimento de cursos e oficinas de teatro, até as temporadas dos espetáculos, o grupo transformou e realiza a manutenção de um espaço público, chamando a atenção de todos para a necessidade de preservação da história da comunidade e o diálogo com a arte.

ANDANÇA
Olhando para o passado

- Quantos edifícios históricos existem na sua cidade? Você conhece a história de algum deles?

1. Formem grupos de seis alunos. Vamos nos inspirar na história de um local da cidade para elaborar uma cena.

2. Façam uma lista dos prédios históricos ou mais antigos da cidade.

3. Escolham um desses edifícios e descubram sua história ou histórias ligadas a ele na época de sua construção ou do seu funcionamento.

4. A partir dessas histórias, desenvolvam uma cena levando em conta:
   - onde a história se passa, se dentro ou fora de edifício;
   - quais são os personagens;
   - como é o figurino;
   - a relação da dramaturgia com o edifício.

  Clareira

Grupo XIX de Teatro

O nome do grupo se relaciona com o material de inspiração para a criação dos primeiros espetáculos da companhia: questões do século XIX que geram reflexões sobre o modo como vivemos hoje.

Hysteria, escrito assim mesmo, com "y", de acordo com a grafia da época, trazia para a cena um debate sobre a condição da mulher. Antigamente, a histeria era considerada uma doença exclusivamente feminina. O segundo espetáculo do grupo, *Hygiene*, também escrito com "y", colocava em cena um debate sobre o processo de urbanização e higienização no Brasil do final do século XIX. O 3º espetáculo do grupo debate cenicamente as relações amorosas e suas transformações ao longo da história. Atualmente, o grupo continua a residência artística na Vila Maria Zélia e seu trabalho já foi visto nas cinco regiões do Brasil e em países da Europa e da África.

Mirante

Fábrica das Artes

A história do espaço cultural Fábrica das Artes, em Americana (SP), é um exemplo de como a parceria entre grupos de teatro é capaz de gerar espaços para que as artes cênicas possam existir e servir à comunidade.

Fábrica das Artes: o galpão de uma fábrica desativada se transformou em espaço teatral. Americana (SP).

Nos anos 1990, os grupos TAJ – Arte e Expressão e Grupo de Teatro Pé Preto, formados por alunos de escola pública, se uniram e deram origem ao Grupo Teatral Ta'lento, conhecido como GTT. Ao utilizar o anfiteatro da escola, os integrantes do GTT se encontravam uma vez por semana para fazer exercícios teatrais e arriscar a criação de cenas.

A vontade de se aprofundar no fazer teatral fez o grupo convidar o diretor Carlos Justi para conduzir os ensaios e montar um espetáculo. A parceria deu certo e o grupo continuou a trabalhar com o diretor. Em 1999, a montagem do espetáculo *O julgamento*, inspirado no texto *Mauser*, do dramaturgo alemão Heiner Müller (1929-1995), foi assistida por muitas pessoas e o grupo se tornou conhecido não somente na cidade de Americana, mas em diversas cidades do estado de São Paulo, sendo convidado a participar de alguns festivais de teatro.

No meio da montagem do próximo espetáculo, o grupo soube que não teria mais o espaço da escola para os ensaios e criações. E agora?

Novamente, a união de dois grupos trouxe a solução. O GTT se juntou ao grupo Macamã Arte e Cultura, também de Americana, e juntos alugaram o galpão de uma fábrica desativada no centro da cidade. Assim nascia o Fábrica das Artes.

Na imagem a seguir, vemos parte da estrutura interna do teatro, que conta com arquibancadas de madeira, com capacidade para cem pessoas.

Vista da parte interna do Fábrica das Artes do ponto de vista de um dos cantos do palco: temos a plateia, a cabine técnica e um pedaço do piso de lona amarela e azul utilizado sobre o palco de madeira. Americana (SP), 2014.

- Ao observar a foto, quais são os elementos de um espaço teatral que você reconhece?

No começo, o palco era o chão da antiga fábrica. Depois, construíram um tablado de madeira. Todo o sistema de luz e som foi adquirido aos poucos, por meio do trabalho dos grupos e de doações. Além desses lugares que vemos na foto, o espaço ainda conta com camarim, sala de ensaio e um depósito para cenários, figurinos e adereços. Tudo foi construído e adaptado de acordo com o espaço da fábrica e as necessidades dos grupos que mantinham o espaço.

Com o fim da parceria entre os dois grupos que usavam o Fábrica, veio a dúvida se o espaço continuaria. O GTT decidiu levar adiante o espaço que já se firmava como um lugar capaz de reunir pessoas interessadas na arte do teatro.

Em 2018, o Fábrica das Artes completou 17 anos e, além de ser a casa do Grupo Teatral Ta'lento, oferece eventos teatrais, musicais, sessões de cinema e um curso livre de teatro com turmas infantil, adolescente e adulto. Integrantes do GTT e artistas convidados são os professores no curso livre, que tem a renda revertida para a manutenção do próprio espaço.

O Fábrica das Artes é uma referência para grupos da cidade e região e segue seu caminho como espaço de cultura e de formação para a comunidade por meio da arte teatral.

CONEXÕES
Teatro e cinema

- Como você imagina a história de Maria, a menina equilibrista, que aparece na foto a seguir?

A atriz Bia Goldenstein em cena do filme *Corda bamba – História de uma menina equilibrista*, de Eduardo Goldenstein, 2012.

O cinema é outra linguagem artística que conta histórias com atores representando personagens. Muitos artistas de teatro são convidados a participar de filmes e, dessa maneira, podem experimentar outra forma de composição e desenvolvimento de personagens.

E que outra forma seria essa? Do ponto de vista do trabalho de ator, a relação entre teatro e cinema apresenta diferenças que refletem na maneira como o artista se relaciona com o personagem.

Por exemplo: no teatro existem os ensaios, que podem durar muitos meses, e o elenco da peça passa um tempo junto, construindo e descobrindo as relações entre os personagens. No cinema, a prática de ensaios é menos comum. Cada ator recebe o roteiro do filme que deve ser estudado e a indicação das falas a serem decoradas. No dia da filmagem de uma cena específica, a equipe de filmagem se encontra e os atores ensaiam um pouco antes da gravação. Com a ajuda do diretor, eles fazem e refazem a cena até que tudo chegue ao resultado esperado.

No cinema, o filme não é filmado do começo ao fim, de forma linear e cronológica. Às vezes as filmagens podem começar por uma cena do meio do filme. Tudo depende da quantidade e disponibilidade dos lugares onde o filme se passa. Por exemplo: se for um lugar aberto, na rua ou no campo, o clima que está fazendo no dia influencia a filmagem. Muitos fatores alteram a ordem de gravação das cenas e isso tem consequências diretas no trabalho dos atores, os quais precisam acessar emoções e sensações específicas de acordo com as cenas gravadas no dia.

Maria olha através da cortina. Cena do filme *Corda bamba – História de uma menina equilibrista*, de Eduardo Goldenstein, 2012.

Uma peça de teatro conta uma história em certo tempo, na presença da plateia. Já um filme de cinema leva um tempo para que todas as imagens sejam filmadas, depois passam por um processo de edição e de montagem, com a seleção das melhores versões de cada cena e são colocadas na ordem prevista no roteiro.

Cena do filme *Corda bamba – História de uma menina equilibrista*, de Eduardo Goldenstein, 2012.

O encontro dos atores com o público ocorre depois que o filme fica pronto, por meio de sua projeção, e não da presença, como no teatro.

Todas essas características da linguagem cinematográfica, entretanto, não diminuem o trabalho dos atores no sentido da construção das personagens.

Para representar a protagonista do filme, a atriz Bia Goldenstein fez aula de circo durante oito meses. Nesse período de preparação, a atriz foi aprendendo a técnica necessária para fazer cenas no arame, o nome oficial da corda bamba. Sua dedicação a fez gravar todas as cenas sem precisar de dublê.

O filme foi inspirado no livro de mesmo nome da escritora gaúcha Lygia Bojunga Nunes e conta a história de Maria, uma menina criada no circo, mas tem de morar com sua avó na cidade grande. Enfrentando dificuldades para se adaptar, ela passa a lembrar de um trauma que envolve seus pais.

- E como você se sentiria ao se equilibrar em uma corda bamba?
- Que significados você enxerga na imagem de uma menina equilibrista?

Neste capítulo, vimos algumas maneiras pelas quais o teatro, a partir da realidade onde está inserido, transforma-se em um espaço de discussão da própria realidade.

- Qual dos espetáculos mais chamou sua atenção até aqui? Por quê?

CAPÍTULO 2
Teatro que transforma

Observe as imagens.

Rimini Protokoll

O público realiza uma das ações propostas pelo grupo Rimini Protokoll, em Besançon, França, 2018.

- Tendo em mente que a origem grega da palavra teatro significa "o lugar de onde se vê", como você relaciona esse significado com essas imagens?

Na primeira imagem, temos um exemplo de como a tecnologia pode estar a serviço da linguagem teatral. O grupo alemão Rimini Protokoll surgiu nos anos 2000 e procura proporcionar aos espectadores experiências que permitem olhar a realidade e se relacionar com ela sob outros pontos de vista. Por meio de uma espécie de **audioguia**, os participantes percorrem um trajeto na cidade e, realizando algumas ações, podem perceber de maneiras distintas o cotidiano da cidade em que vivem. As pessoas que não estão participando da peça, da ação, acabam assistindo a um tipo de espetáculo surpresa em meio à rotina.

Glossário

Audioguia: sistema parecido com o de escutar músicas com um fone de ouvido. É utilizado, por exemplo, para transmitir informações durante visitas em museus ou passeios turísticos.

Público durante apresentação do grupo argentino Empacho Teatro, que faz teatro às cegas, 2018.

Seja como participante, seja como público espontâneo, essa forma de experiência cênica atua diretamente nos olhares de todos os envolvidos.

Já a segunda imagem nos apresenta uma possibilidade cujo objetivo é experimentar o teatro por meio do estímulo de outros sentidos que não o da visão: o teatro cego. A Companhia Empacho Teatro a Ciegas é da cidade de Córdoba, na Argentina, e, desde 2012, desenvolve um trabalho que amplia as fronteiras teatrais, oferecendo ao público uma experiência teatral de um ponto de vista inesperado. Veremos isso adiante de maneira mais aprofundada.

A relação que temos com o teatro, seja fazendo-o, seja assistindo a ele, nos ajuda a transformar a relação, com o outro e com a realidade em que vivemos.

CAMINHOS
Teatro e ação

Quando escolhemos fazer teatro, estamos escolhendo não apenas uma maneira de olhar para o mundo, mas também um modo de agir no papel de cidadãos diante de questões que nos interessam no dia a dia.

Tente se lembrar de outros grupos e espetáculos que você conheceu, seja presencialmente no teatro, seja nos livros desta coleção ou pesquisando na internet. Cada espetáculo produzido por cada um desses grupos, e por qualquer grupo de teatro, é uma ação pensada e organizada para reunir pessoas interessadas em debater, por meio da linguagem teatral, assuntos de interesse comum.

Quem decide seguir na carreira teatral pode escolher e se especializar nas diversas áreas que a profissão oferece, tanto em nível técnico, como em nível superior. Observe no quadro a seguir as profissões ligadas ao fazer teatral.

Os coletivos teatrais se organizam em torno da montagem de um texto que pode ser teatral ou inspirado em outros formatos literários, como poesia, prosa e letra de música. Uma pintura, uma fotografia ou outros tipos de obras de arte também servem de inspiração e ponto de partida para a criação.

LUCIANO TASSO

As diversas opções de funções no fazer teatral – quando vemos os atores e as atrizes em cena, muitas vezes não lembramos que muitas outras pessoas estão em cena junto, por meio dos demais elementos da cena: seja na direção do espetáculo, ou na dramaturgia, na iluminação, no figurino e na maquiagem, na cenografia, nos adereços e na contrarregragem, na bilheteria, na crítica e na produção.

Os formatos do evento teatral, do espetáculo, são múltiplos. Você já viu alguns exemplos ao longo dos anos anteriores e veremos mais alguns neste capítulo para que você se inspire e coloque as mãos à obra!

ANDANÇA
Expandindo o tempo e o olhar

Vamos nos inspirar na imagem do espetáculo do grupo Rimini Protokoll e criar uma ação cênica, que pode acontecer no pátio, no corredor, na quadra, se houver, ou em outros espaços da escola que vocês escolherem.

A ideia é que um grupo de pessoas realize uma ação comum durante determinado tempo como forma de criar uma interferência no cotidiano das pessoas na escola.

1. A turma pode se dividir em duas: metade faz a ação e metade observa a ação e as reações do público, e também fica como apoio aos colegas que estão realizando a ação.

2. A proposta básica é uma caminhada em câmera lenta em um determinado espaço da escola. O grupo pode se organizar para estarem todos próximos uns dos outros ou separados, em uma pequena distância. O importante é que todos façam a ação ao mesmo tempo e no mesmo ritmo. Vocês podem experimentar de duas maneiras – o grupo junto ou o grupo separado – e observar o que muda tanto em quem faz como em quem assiste a ação em cada situação. Como ensaio, experimente, por exemplo, levar dez ou cinco minutos para ir da porta da sala de aula até o lugar onde você se senta. Perceba como você se sente, como respira, como seu corpo reage e todas as sensações e percepções que esse tempo dilatado pode gerar.

3. Combinem um dia e um horário para que essa caminhada aconteça na escola. É importante que ela aconteça da maneira mais natural possível. Ninguém precisa representar que está caminhando. Apenas caminhe. Observe como você se sente, como as pessoas que assistem se sentem, os comentários que fazem etc.

4. Essa ação pode se desdobrar em outras caminhadas que incluam uma pequena ação, algo simples, como colocar as mãos no formato de binóculo, como na foto da abertura do capítulo. Outra ação possível é que todos, em determinado momento, façam uma pausa, apontem com o dedo para alguma direção e permaneçam nessa atitude durante certo tempo. É possível, ainda, que todos façam uma pausa na caminhada lenta, fechem os olhos e fiquem assim por um tempo.

5. Vocês podem criar e descobrir outras pequenas ações para uma composição durante a caminhada em câmera lenta. É interessante também que vocês estipulem um tempo para a ação e um sinal, que pode ser dado por alguém de fora do grupo, indicando que o tempo da ação terminou. Quando a ação termina, todos voltam a agir naturalmente, como se nada tivesse acontecido.

6. De volta à sala de aula, façam uma roda de conversa para trocar as impressões sobre essa experiência.

TRILHA
Teatro cego

- Você consegue imaginar uma peça de teatro feita totalmente no escuro?
- Se não pudermos ver uma cena, de que outras maneiras podemos contar uma história?

O teatro cego acontece em um espaço escuro que recebe todo tipo de público: pessoas videntes, ou seja, aquelas que enxergam, e pessoas com deficiência visual, cegos ou com baixa visão.

No elenco do grupo Empacho, três artistas são pessoas com deficiência visual. Por meio de sons, palavras, odores, sensações térmicas e até sabores o grupo consegue contar uma história que será interpretada de maneira particular por cada pessoa da plateia.

Agora, observe a imagem a seguir.

Participantes de curso de teatro oferecido pela professora Anna Carlomagno. Ela ensina Arteterapia, por meio do teatro, para pessoas com deficiência visual. Ribeirão Preto (SP), 2016.

- Como você descreveria o que está acontecendo nesta foto?

Desde 2015, a terapeuta ocupacional, artista plástica e atriz Ana Claudia Carlomagno desenvolve um projeto chamado Teatro Social com um grupo de pessoas do Lar dos Cegos, na cidade de Ribeirão Preto, no interior de São Paulo. Em parceria com a atriz Renata Carlomagno, o trabalho é dividido em duas partes – uma mais teórica, onde se estudam textos teatrais de diversos autores e épocas, e uma parte prática com exercícios de expressão corporal, ritmo e criação de personagens.

Ao utilizar técnicas de teatro com pessoas que têm deficiência visual, é possível inserir questões relacionadas à própria deficiência visual no debate com o público por meio de cenas e espetáculos. Trata-se de uma experiência de transformação pessoal não apenas para quem está em cena, mas para o público também, que, por conta da falta de informação, pode ter alguns preconceitos a respeito das pessoas com deficiência visual.

Na imagem, vemos um grupo de mulheres vendadas explorando e descobrindo um espaço público como uma praça, utilizando outras partes e sentidos do corpo. Um exercício simples, que, colocado em cena por um elenco de pessoas com deficiência visual, pode gerar uma discussão acerca de acessibilidade e inclusão. A ausência do sentido da visão, por exemplo, estimula a elaboração criativa de alternativas para a realização cênica. Por exemplo, em cena, essas pessoas se orientam pisando em cordas colocadas no chão, ajudando nos deslocamentos.

O teatro feito por pessoas com deficiência visual nos convida a pensar sobre a importância das ações de inclusão, voltadas para pessoas com algum tipo de limitação física. O Projeto Teatro Social realizado no Lar dos Cegos ocupa seu espaço dentro da arte, compartilhando seu modo de perceber o mundo com a plateia. Dessa maneira, lidam com questões que envolvem a deficiência, mas também vão além dela, enquanto criam e atuam. Esse trabalho nos mostra mais um exemplo de como a arte pode ser uma forma de agir para a transformação da sociedade.

ANDANÇA
Caminhada de confiança

O teatro cego nos traz a oportunidade de realizar um exercício teatral que dialoga não apenas com o fator da perda da visão, mas com a confiança nos parceiros de cena e em outro modo de perceber o mundo. Vamos experimentar.

1. Formem duplas.
2. Definam quem começa guiando e quem será guiado. Quem será guiado deve permanecer com os olhos fechados durante todo o tempo do jogo. Se possível, utilizem vendas.
3. Quem for guiar o colega fará uma condução sem tocar no seu par, apenas dando comandos como: "siga em frente", "pare", "degrau para cima", "degrau para baixo", "caminhe", "abaixe a cabeça", "sente-se", "segure o corrimão" etc.
4. O jogo deve durar o tempo suficiente para um passeio pelo pátio da escola ou outros espaços.
5. Terminado o passeio, troquem os papéis na dupla e recomecem.
6. Se a turma for grande, muitas duplas farão o jogo ao mesmo tempo, portanto, é importante que a pessoa que vai guiar fale de maneira clara e bem próxima de seu par, para que as informações não confundam as outras duplas.
7. Quando todos tiverem sido guiados, formem uma roda e troquem impressões sobre essa prática.

TRILHA
A cidade como cenário

Observe a foto a seguir.

Ensaio da peça *BR3*, do Teatro da Vertigem. São Paulo (SP), 2005. A peça é encenada dentro de uma embarcação, no rio Tietê, em São Paulo (SP). O público acompanha a peça de dentro de outra embarcação.

- Você diria que se trata de uma peça de teatro?
- Onde você imagina que ela aconteceu?

O grupo paulistano Teatro da Vertigem surgiu em 1992 a partir de um grupo de estudos formado por alunos da Escola de Comunicações e Artes da Universidade de São Paulo (ECA-USP). Sem o objetivo de montar uma peça, esses alunos formaram um grupo de estudos sobre expressão corporal. O material acabou dando origem ao primeiro espetáculo do grupo, chamado *O paraíso perdido* (1992) e que acontecia dentro de uma igreja em São Paulo (SP).

Aos poucos, a relação com a cidade se tornou mais um tema de interesse do grupo, que realizou outros espetáculos em espaços singulares, como um hospital ou um presídio desativado. *BR3* (2006) se passava dentro de um barco navegando o rio Tietê, em São Paulo (SP). As cenas aconteciam dentro e fora do barco onde o público estava, e também em barcos menores e canoas, nas margens do rio e sob os viadutos.

O nome da peça – *BR3* – vem da pesquisa realizada pelo grupo em três lugares do Brasil cujo nome começa com BR: o bairro de Brasilândia, em São Paulo; Brasília, no centro do Brasil; e Brasileia, na divisa do Acre com a Bolívia. O grupo viajou para essas cidades em um projeto de pesquisa sobre a identidade brasileira.

Um projeto desse porte gerou uma encenação de grandes proporções, desenvolvida em processo colaborativo – outra característica marcante do Teatro da Vertigem. Ao observar novamente a imagem, perceba como uma das atrizes, em pé na canoa, relaciona-se com outros atores que estão nessa grande estrutura de concreto e ferro. Imagine como foi a preparação do elenco para atuar em um espaço imenso e em condições tão diferentes de uma caixa preta. Em muitas cenas que aconteciam fora do barco onde a plateia estava, os artistas usavam microfones para que pudessem ser ouvidos e também máscaras que aumentavam seu rosto, para que o público pudesse reconhecer algumas expressões.

Ao colocar seus trabalhos em contato direto não apenas com a arquitetura da cidade, mas com prédios e lugares escolhidos especificamente para cada espetáculo, o Teatro da Vertigem chama a atenção para o espaço onde ocorre a peça. O espectador é convocado a ressignificar, de forma crítica, os lugares da cidade onde as peças eram encenadas. Um jogo entre os significados dos espaços e a memória e a relação das pessoas do público com esses espaços.

- No lugar onde você mora existe um rio ou um lago ou uma praia? Uma peça de teatro poderia ser encenada em um desses lugares inspirada na história do lugar? Qual poderia ser o tema?

TRILHA
O teatro e o humano

O ser humano, suas memórias e relações são temas recorrentes no teatro, colocados e discutidos em cena de diversas maneiras. Cada assunto ou tema pede e revela diferentes formas de serem abordados. Não importa se a encenação é grandiosa ou simples. O teatro é feito por pessoas e para pessoas, ou seja, não importa a dimensão, o teatro é um encontro de humanidades.

A Companhia Luna Lunera, de Belo Horizonte (MG), é fruto de um curso profissionalizante em teatro com alunos que se formaram em 2001. Notícias de jornal e textos em prosa servem de inspiração para a criação dos espetáculos da companhia.

Em 2007, o grupo criou o espetáculo *Aqueles dois*, inspirado no conto de mesmo nome do escritor brasileiro Caio Fernando Abreu (1948-1996), além de depoimentos dos atores.

Observe a imagem a seguir.

Cena do espetáculo *Aqueles dois*, da Cia. Luna Lunera. São Paulo (SP), 2007.

- Que elementos do cenário você identifica?

A peça conta a história da relação entre Raul e Saul, dois funcionários de uma repartição pública. Como a história tem apenas dois personagens, os quatro atores vão se alternando nesses papéis e também vão sugerindo outras personagens que eventualmente aparecem na história.

Em alguns momentos, dois atores fazem o personagem Raul ao mesmo tempo, e o personagem Saul também é interpretado simultaneamente pelos outros dois atores. Essa multiplicação dos personagens possibilita um jogo cênico com cenas concomitantes, organizadas de forma a revelar diferentes traços das personalidades desses personagens. Esse jogo permite, ainda, uma sobreposição de tempos e espaços: uma dupla de atores pode mostrar uma cena do passado dessas figuras, enquanto a outra dupla mostra uma cena do futuro.

O espaço cênico é formado por objetos que remetem a um escritório e também a uma casa. Gavetas, luminárias, máquina de escrever, telefones, computadores, pequenas mesas, televisão, violão e outros elementos desse universo são dispostos no espaço cênico e vão sendo reorganizados pelos próprios atores de acordo com a necessidade das cenas.

Com esse jogo de tempos e espaços, um lado do palco pode ser o escritório e, ao mesmo tempo, o outro lado é a casa. Não é preciso um cenário de casa ou escritório. Apenas o jogo com alguns elementos e a relação dos atores com eles é capaz de sugerir todos os lugares onde a peça se passa.

Cena do espetáculo *Aqueles dois*, da Cia. Luna Lunera. São Paulo (SP), 2007.

A plateia, como podemos ver na imagem ao lado, fica próxima do palco, cercando a cena por três lados.

- Como você imagina que a proximidade entre palco e plateia se relaciona com a temática da peça?

Cena do espetáculo *Aqueles dois*, da Cia. Luna Lunera. São Paulo (SP), 2007.

ANDANÇA
O espaço sugerido

Vamos nos inspirar no cenário da peça *Aqueles dois* e criar o um jogo cenográfico.

1. Todos podem participar. Cada pessoa traz um objeto que seja representativo de algum lugar, da própria casa ou de outro lugar que frequente.
2. Em um primeiro momento, todos devem organizar esses elementos formando um grande quadrado no centro da sala. Os objetos formam as paredes desse quadrado, deixando a área de dentro vazia.
3. Uma pessoa de cada vez deve entrar nesse quadrado, escolher dois ou três objetos e criar um lugar, um espaço, dispondo os objetos escolhidos dentro do quadrado.
4. Quem está de fora pode tentar adivinhar que lugar ou espaço a pessoa sugeriu por meio da composição com os objetos escolhidos.
5. Antes de desmontarem a composição, conversem sobre ela e sobre as escolhas dos objetos.
6. Vão se revezando na composição até que todos os que queiram participar tenha experimentado pelo menos uma vez.

TRILHA
Teatro e tecnologia

A relação entre as pessoas também é tema e ponto de partida para a criação do espetáculo *Eu é outro: ensaio sobre fronteiras* realizado pelo Coato Coletivo, grupo residente do Teatro Vila Velha em Salvador (BA).

Esse grupo surgiu dentro da Universidade Federal da Bahia em 2014. Temas sociais, políticos e históricos estão presentes em seus espetáculos. O uso da tecnologia e da *performance* também faz parte dos trabalhos do grupo.

- Como você identifica o uso de tecnologia na cena a seguir? Que sensações isso gera em você?

Cena do espetáculo *Eu é outro: ensaio sobre fronteiras*, do Coato Coletivo. Festival Latino Americano de Teatro, Salvador (BA), 2018.

O espetáculo foi criado pela parceria entre o grupo baiano e o grupo paulistano Phila7. O Coato Coletivo se dividiu e uma parte do grupo ficou dois meses trabalhando com o grupo de São Paulo. O uso da tecnologia como forma de lidar com a distância física entre os membros do Coato Coletivo por meio da comunicação virtual foi transposto para a cena e está presente em diversos elementos usados pelo elenco.

Projeção de vídeo, microfones e refletores portáteis são usados em cena pelo elenco, que, ainda, toca instrumentos e dança em determinadas cenas. A mistura desses elementos dialoga com um dos temas do espetáculo: um ensaio sobre fronteiras.

Perceba que a ideia de ensaio, presente no título da peça, é assumida como proposta de encenação. Normalmente, um ensaio faz parte do período em que a peça ainda está sendo construída, pensada, ensaiada. É um período vivo de tentativas e erros, de construção e desconstrução.

Quando o grupo escolhe manter esse clima de exploração dos materiais e temas da peça no que diz respeito ao resultado cênico, abre-se um espaço de diálogo com o público no sentido de compartilhar o processo de criação de uma peça, convidando a plateia a criar junto, cada um com a sua interpretação dos estímulos produzidos em cena.

Além da mistura de tecnologia e outros elementos de cena e da combinação de linguagens – teatro, dança e vídeo –, em determinados momentos da peça o elenco dialoga diretamente com o público, revelando e transpondo mais uma fronteira: a da **quarta parede** que separa palco e plateia.

O teatro, mais uma vez, mostra-se como um lugar de encontro consigo mesmo e com o outro. Um espaço para a experimentação e a criação de outros significados e olhares para questões relevantes do nosso dia a dia, do lugar onde vivemos. Um instrumento de ação e transformação de nós mesmos e do mundo em que vivemos.

> **Glossário**
>
> **Quarta parede:** parede imaginária que fica na frente do palco, como se separasse a cena do público, fechando a caixa preta.

Cena do espetáculo *Eu é outro: ensaio sobre fronteiras*, do Coato Coletivo. Festival Latino Americano de Teatro, Salvador (BA), 2018.

AMPLIAR
Para além do teatro

Nesta unidade, conhecemos diversos grupos e maneiras de proposição, ação e transformação por meio do teatro.

Se você tiver acesso à internet, pode assistir ao espetáculo *As mulheres do aluá* e observar como as questões femininas são colocadas em cena pelas atrizes e pela encenação.

Organize uma sessão de cinema com seus colegas. Assista ao filme *Corda bamba – História de uma menina equilibrista* (2012) observando não apenas o trabalho da atriz e dos outros personagens da história, mas também os figurinos e cenários do filme.

Vale prestar atenção também, nos pontos de vista que a câmera usa para mostrar determinadas cenas: vista de cima, por baixo, de dentro de algum lugar inesperado etc. São possibilidades que o cinema consegue oferecer graças à tecnologia das câmeras. Se houver algum efeito especial no filme que chame a sua atenção, vale pensar como ele poderia ser feito se fosse realizado em uma peça de teatro.

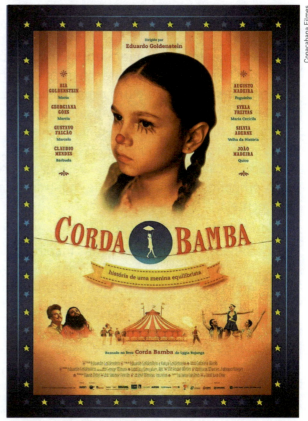

Cartaz do filme *Corda bamba – História de uma menina equilibrista*, direção de Eduardo Goldenstein, 2012.

Cartaz do espetáculo *As mulheres do aluá*, do grupo O imaginário, 2016.

79

Chegada

Juntos em cena

O teatro é uma linguagem artística que reúne um grupo de pessoas dispostas a desenvolver um pensamento, um ponto de vista, na forma de uma cena ou de um espetáculo. Esse trabalho acontece em grupo e se destina a outro grupo, o público, tornando o teatro a arte do encontro.

O encontro é a potência transformadora do teatro.

Vamos celebrar nossa chegada juntos até aqui. Olhe para seus colegas de classe. Quantas histórias vocês já viveram juntos?

Vamos transformar algumas dessas histórias em cenas e montar um espetáculo sobre a turma.

A proposta é criar cenas que mostrem um pouco da identidade da turma. A estrutura da peça pode conter:

1. Prólogo: apresentação da turma e/ou dos personagens.
2. Cenas: três ou quatro cenas inspiradas em momentos importantes para a turma – uma festa, uma história engraçada ou triste, uma particularidade da turma, enfim, vocês devem escolher momentos da história que viveram juntos e que foram marcantes a ponto de serem compartilhados com o público.
3. Escolham as funções possíveis em uma montagem de espetáculo de acordo com as necessidades e possibilidades de vocês.
4. Reservem tempo para ensaios, para pensar e elaborar cenários e figurinos, caso sejam necessários.
5. O resultado pode ser apresentado para as outras turmas da escola. No final, vale ainda um bate-papo com a plateia sobre a peça e o processo de criação.

Alunos estudando uma cena de forma coletiva e colaborativa. São Paulo (SP), 2018.

Aluno utilizando recursos caseiros para estudar individualmente expressões para uma dramaturgia.

Autoavaliação

- Você conhece oficinas de teatro em sua região? Gostaria de participar de uma oficina dessas?

- Você já pensou em utilizar espaços de sua casa para estudar expressões e gestos e se autoconhecer?

- Você se lembra de como imaginava o teatro, o fazer teatral, no começo desta jornada? O que mudou?

- Entre as profissões que fazem parte do universo teatral, qual ou quais chamam mais a sua atenção? Por quê?

- Quais temas ou assuntos você teria interesse em discutir com um grupo de amigos por meio da linguagem teatral?

- Como você acha que o teatro contribui para a transformação das pessoas e da sociedade em que elas vivem?

- O que você gostaria de saber mais sobre teatro?

UNIDADE 3
DANÇA

Grupo Fogança, de Maringá. Apresentação em Olímpia (SP), 2006.

Partida

Observe as imagens.

1 Quanto tempo você imagina que estas pessoas ensaiaram para realizar os movimentos retratados nas imagens?

Dançar é uma atividade que possibilita ao aluno conhecer melhor o funcionamento do próprio corpo, estabelecer relações com o movimento de diferentes maneiras, ter uma postura mais saudável e também exercitar a criatividade individual e em grupo.

Cada um pode definir o seu estilo de dança, o seu modo próprio de se expressar por meio do movimento. Dançar pode ser uma atividade que integra as pessoas e que permite conhecermos suas culturas, respeitando as diferenças entre elas.

Para que dançar?

Dançarino na 6ª edição da Battle Of The Year (BOTY) América Latina. O evento é realizado durante o Campinas Street Dance Festival. A BOTY americana é a maior competição de dança urbana, considerada a Copa do Mundo de Dança de Rua. Teatro Castro Mendes, Campinas (SP), 2014.

2 Você já conheceu alguém em sua escola, bairro ou cidade por meio de atividades culturais?

3 Você conhece algum projeto social no seu bairro ou cidade que envolva atividades culturais como música, dança, artes plásticas, cinema?

Esses projetos, além de possibilitarem a experiência da dança, são espaços que propiciam a convivência.

CAPÍTULO 1

A dança transforma!

Observe os **figurinos** que aparecem nas imagens.

- Você imagina de que época eles são? E como seriam os movimentos dessas danças?

Glossário

Figurino: é a roupa usada por um personagem ou dançarino em uma coreografia. O figurino deve ajudar na expressão do movimento de quem dança.

Grupo de Danças do CTG Rincão da Cruz. Santa Maria (RS), 2015.

Grupo de dança *Les Unique* (*Os únicos*). Boa Vista (RR), 2016.

A dança pode entrar em nossa vida de muitas maneiras, seja em uma festa, seja em atividades na escola, manifestações artísticas culturais ou de uma escola de dança, por meio de projetos sociais que tenham a dança como atividade cultural ou, ainda, em festivais de dança.

Nas imagens de abertura desta unidade, vemos duas apresentações: uma do Grupo Universitário de Danças Parafolclórico Fogança, criado e composto de alunos, professores e funcionários da Universidade Estadual de Maringá, apresentando-se em um festival com danças populares brasileiras e, em seguida, a de um dançarino em uma competição de Dança de Rua Internacional, em que os dançarinos fazem uma espécie de batalha por meio de várias coreografias de dança urbana. Essa batalha de dança é considerada a Copa do Mundo de Dança de Rua.

- Quais são as semelhanças e diferenças entre a apresentação de dança em um festival em uma competição de dança ou em um projeto de dança?
- O que você imagina que é necessário para dançar em uma companhia ou coletivo de dança?
- Você conhece alguém que dança ou já dançou profissionalmente?
- Você imagina como é a rotina de estudos de alguém que se dedica à dança?

CAMINHOS

As dinâmicas da dança

Quando nos identificamos com uma linguagem de dança e decidimos nos aprofundar nela e aprender mais seus movimentos, os ritmos e todos os detalhes dessa linguagem, aprendemos que esse estudo pode nos possibilitar muitos conhecimentos sobre a anatomia do corpo, sua expressão, a relação do corpo com o espaço, com a música, e também com outras áreas do saber, como a arquitetura, a tecnologia, o cinema, a moda, as artes plásticas, as artes visuais, entre muitas outras.

Observe novamente as imagens da abertura do capítulo.

- Quais as diferenças entre os figurinos dos dançarinos da primeira e da segunda foto?
- Você imagina que tipo de movimento eles estão fazendo? Em que época estão dançando?
- Podemos dizer que a dança é uma atividade dinâmica e que se transforma com o passar do tempo?

Todas as danças se transformam com o passar do tempo: algumas menos e outras mais. Podem ocorrer mudanças nos figurinos, nos espaços onde se dança, nos passos, no cenário, na relação de composição entre os dançarinos etc.

Mas também acontece de certas danças preservarem algumas de suas características tradicionais, como é o caso da dança retratada na imagem na qual vemos um conjunto de dançarinos dançando em pares, um de frente para o outro. Esta é uma das danças tradicionais praticadas no estado do Rio Grande do Sul.

Os casais dançam mantendo certa distância entre eles. Há alguns rodopios que a mulher faz em torno do homem. No chão de madeira, os dançarinos percutem o chão rapidamente com pés, produzindo som e ritmo.

Essa dança se caracteriza por ter tido influência dos povos europeus que chegaram ao Brasil para ocupar e trabalhar nas colônias. Assim como em várias danças tradicionais, os passos apresentam alguns movimentos em que os casais dançam uma espécie de **valsa**, entrelaçando os braços.

> **Glossário**
>
> **Valsa:** é uma dança e um gênero musical, geralmente tocado em compasso ternário. Surgiu na Europa em meados do século XVI. É dançada em pares independentes.

As danças em pares vêm de muito tempo. Nas cortes europeias dos séculos XVI e XVIII já existiam alguns movimentos realizados em pares.

Na segunda imagem de abertura deste capítulo, vemos os dançarinos e as dançarinas do grupo de dança contemporânea Les Unique, de Boa Vista (RR). É um grupo que mistura diversas linguagens de dança, como tango, danças urbanas e balé clássico, para criar uma linguagem própria, com inovações e experimentações na forma de se expressar por meio do movimento. O grupo Les Unique inclui em seus trabalhos outras linguagens da arte, misturando a dança com teatro, música eletrônica, música instrumental tocada ao vivo, esportes e elementos visuais.

Para fazer parte de um grupo ou companhia de dança, é importante ter vontade de aprender, pois o treinamento às vezes pode lembrar o de um atleta. A cada coreografia ou "montagem" de um espetáculo, os dançarinos passam por muitas horas de ensaios, aulas e preparação técnica e corporal.

É um trabalho realizado em equipe e exige concentração, persistência e paciência para desenvolver com habilidade o que a coreógrafa ou o coreógrafo pede.

Vamos experimentar criar uma dança em equipe? Prepare-se para se concentrar nessa experiência!

Coordenadas

O minueto

Vamos conhecer um pouco mais sobre uma dança em pares: o minueto.

- Você já assistiu a algum filme ou novela em que as pessoas vestiam roupas como as dessas imagens?

O minueto é uma dança em **compasso ternário** que tem origem na região da Bretanha, na França. Praticado nos círculos aristocráticos, foi muito popular na corte do rei Luís XIV, difundido pela Europa nos séculos XVII e XVIII.

A dança é realizada em pares, com passos curtos, leves e graciosos e movimentos elegantes. Homem e mulher mantêm uma certa distância, enquanto dançam. Os movimentos remetem a uma ideia de que o homem está sempre convidando a mulher para dançar, estendendo a mão e abaixando levemente o tronco em reverência.

Muitos minuetos foram compostos para acompanhar os bailes das inúmeras cortes europeias. Mas, como todas as danças mudam com o passar do tempo, a dança do minueto também se transformou: o ritmo dos passos se acelerou, os movimentos se tornaram mais ágeis e começou a haver trocas de pares. Ou seja, uma pessoa de um par pode passar a dançar com outra pessoa de outro par. Hoje em dia, essa troca de pares é muito comum em algumas danças, como nas gaúchas, que vimos no começo do capítulo.

Ilustração da dança do minueto, em que o dançarino inclina o tronco diante da dançarina, como uma demonstração de reverência à mulher com quem irá dançar.

Glossário

Compasso ternário: é aquele em que o intervalo entre os pulsos acontece de três em três tempos.

Cena do filme *Maria Antonieta*, de Sofia Coppola, 2006. O minueto foi muito popular nos bailes das cortes da Europa nos séculos XVII e XVIII.

Nas três fotografias vemos o mesmo casal realizando alguns movimentos da dança do minueto. O dançarino retira o chapéu para demonstrar o seu respeito pela dançarina. Os homens costumavam dançar de sapato com salto, como era usual na época.

87

ANDANÇA
Criando uma dança com fios

Para esta prática, você vai precisar de fios de lã cortados em um mesmo tamanho (aproximadamente 1 metro de cada fio). É uma dança para ser realizada em grupo.

1. As duplas pegam um fio de lã, linha ou corda. Cada pessoa segura em uma das pontas. É importante que o fio esteja sempre esticado para que a informação para onde se quer ir possa ser "transmitida" através do fio, que ficará mais tenso quando a pessoa quiser deslocar a outra para a frente ou frouxo quando está indicando que ela ande para trás.
2. A ideia é que a dupla se movimente pelo espaço mantendo o fio esticado e criando uma linha paralela em relação ao chão, para começar.
3. Uma pessoa da dupla pode iniciar conduzindo o movimento de deslocar-se pelo espaço caminhando para um lado, para a frente ou para trás. A proposta é revezar quem conduz, alternando o comando do movimento entre os integrantes da dupla.
4. Essa linha paralela que se cria com o fio de lã esticado pode ser levada para cima e para baixo, levantando-se os braços acima da cabeça ou agachando-se.
5. Pode ser que uma dupla encontre outra pelo espaço da sala e a atravesse, passando por cima ou por baixo do fio de lã esticado da outra dupla.
6. É importante alternar a mão e o braço que segura o fio de lã.

Clareira

A transmissão de saberes na dança

A Cia. Oito Nova Dança, de São Paulo, pesquisa o universo indígena desde 2010. O mais recente resultado artístico dessa conexão é o espetáculo *Juruá*.

Para criá-lo, a companhia aprendeu e reinventou alguns dos movimentos e das sonoridades presentes em rituais indígenas dos guaranis mbyá, como o xondaro – ritual cotidiano dessa etnia, em que jovens e adultos dançam em roda ao som de violão, rabeca e alguns cantos indígenas.

O processo de criação do espetáculo tomou como base as rodas de xondaro, que convergem luta, dança e música. Por meio do xondaro, os guardiões guaranis se preparam para enfrentamentos em que

Cena do espetáculo *Juruá*, da Cia. Oito Nova Dança.

o principal movimento é a esquiva, de modo a não se deixarem capturar pelo oponente.

- Observando as imagens, é possível identificar que os dançarinos estão dançando em roda? Descreva os movimentos que você vê.
- É possível dizer que os dançarinos estão se esquivando, como na dança guarani do xondaro?

Cena do espetáculo *Juruá*, da Cia. Oito Nova Dança.

TRILHA
Transformação social pela dança

Você conhece a expressão cidadão-dançante? Essa expressão quer dizer que cada pessoa tem um corpo com características que podem ser reconhecidas e valorizadas e que a dança pode incluir qualquer pessoa que queira dançar.

- Você imagina quais são os lugares onde mais se pode dançar e aprender sobre a dança?
- Você conhece algum grupo ou roda de dança perto da sua casa?
- Como as pessoas de sua região aprendem alguma manifestação cultural que envolve o movimento do corpo?
- Existe alguma escola de dança próxima de você?

A Escola Livre de Dança da Maré é um projeto que nasceu da parceria da Lia Rodrigues Companhia de Danças com a Redes da Maré, em 2011. Alguns dos bailarinos da companhia foram formados na Escola Livre de Dança da Maré, que fica dentro da comunidade da Maré e oferece gratuitamente aulas de dança para crianças, jovens e adultos.

Na imagem da página seguinte, vemos dois estudantes do Núcleo 2 de formação continuada da companhia que participaram de uma **audição** para estudar na PARTS, escola de dança contemporânea na Bélgica.

Glossário

Audição: é uma avaliação feita com dançarinos que querem ingressar em uma companhia ou escola de dança profissional.

Apresentação de estudantes da Escola Livre de Dança da Maré. Rio de Janeiro (RJ), 2014.

Os dançarinos Marllon e Luyd em aula com os colegas da Escola Livre de Dança da Maré. Rio de Janeiro (RJ), 2016.

Existem outras companhias de dança em que os dançarinos transmitem seus conhecimentos para pessoas que estão começando a aprender a dançar. É o caso de alguns dançarinos do Balé Stagium, em São Paulo, que também dão aulas de dança em um projeto social criado por iniciativa de seus coreógrafos e diretores.

Inauguração do Projeto Joaninha, criado pelo Balé Stagium. São Paulo (SP), 2005.

Observe a imagem abaixo.

- Você imagina qual é o estilo de dança que as pessoas estão aprendendo?

Em Porto Alegre (RS), alunos de escola estadual, no bairro Azenha, aprendem salsa, 2015.

Alunos de escola estadual no bairro Azenha, em Porto Alegre (RS), têm aulas de salsa, 2015.

- Você já imaginou como seria ter aulas de balé, salsa ou dança de rua na sua escola? O que seria necessário para que isso acontecesse?

Para poderem ter aulas de salsa, os estudantes que participam do projeto Educadança, realizado em uma escola estadual em Porto Alegre (RS), retiram as mesas e cadeiras da sala de aula, dando lugar a uma pista de dança animada. Uma vez por semana, eles têm a oportunidade de aprender um estilo de dança diferente.

Muitos estudantes não têm condições de pagar por aulas de dança, mas eles têm acesso a essas aulas pela iniciativa de algumas instituições de realizar projetos que criam a oportunidade de estudo e de transformação de uma realidade social por meio da arte corporal.

Na comunidade de Engenheiro Goulart, crianças praticam balé em um programa social. São Paulo (SP), 2005.

Quando esses projetos sociais são realizados na escola, as salas de aula se transformam em salas de dança. Trocam-se os uniformes por roupas de dança, os pés ficam livres de sapatos ou são usadas sapatilhas. A escola se torna um espaço para o estudo da dança, de estilos e de técnicas de movimento. Muitas vezes, aqueles que participam desses projetos têm a chance de continuar o estudo na arte da dança em outros espaços ou escolas especializadas.

 Coordenadas

Salsa, um sabor na dança!

A salsa é um estilo de dança surgido em Cuba, por volta dos anos 1940. Ganhou popularidade por misturar vários estilos musicais de outros países da América Central e da América do Sul por onde foi passando.

Essa mistura foi o motivo de ter sido batizada com esse nome, que se refere ao molho (a salsa) que dá sabor aos alimentos. Na década de 1970, tornou-se popular nos Estados Unidos, recebendo influências do *rock* e do *jazz* e, nas décadas de 1980 e 1990, também das músicas *pop* e eletrônica. Pode ser dançada de vários modos, mas geralmente envolve movimentos de braço em que os parceiros fazem e desfazem alguns movimentos chamados "nós". Quem dança desenvolve a habilidade de conduzir o outro por meio de movimentos que envolvem o empurrar e puxar, enganchando o outro pelas mãos e braços. É uma dança que solicita coordenação, ritmo e flexibilidade com braços e pernas.

Dançarinos de salsa colombianos. Cartagena das Índias, Colômbia, 2018. A salsa é uma dança realizada em pares.

ANDANÇA
Dançando como máquinas!

Nos projetos sociais que vimos, as pessoas têm a liberdade de escolher, experimentar e estudar movimentos ou estilos de dança que não conhecem. Vamos ver agora como seria criar uma dança em que se repetem sempre os mesmos movimentos, como se quem a dançasse fosse uma máquina, sem ter muita liberdade de escolha.

- Pense na profissão de alguma pessoa de sua família. Você consegue realizar o movimento que essa pessoa faz todos os dias quando trabalha?
- Você imagina o que acontece com o corpo quando repetimos um mesmo movimento por muito tempo?

1. Crie um espaço cênico de maneira que o fundo seja uma parede e a frente, o lugar de onde a turma assiste.
2. Pense na profissão de alguém de sua família. Experimente criar gestos que representam o que essa pessoa faz todos os dias.
3. Entre no espaço cênico e realize esse movimento de maneira repetida, ou seja, você ficará um tempo fazendo um mesmo movimento.
4. Você pode criar um som para esse movimento, lembrando-se de algum objeto ou material que é usado na profissão dessa pessoa em que você pensou.
5. Uma segunda pessoa entra no espaço e se aproxima com um outro movimento. Enquanto isso, você mantém o seu movimento.
6. Uma terceira pessoa entra com mais um movimento e se localiza bem perto das duas primeiras. E assim por diante, até que todos da turma entrem no espaço cênico, cada um com seu movimento. Vocês formarão uma espécie de máquina, de engrenagem, com esses movimentos e sons.
7. Quando todos estiverem dentro do espaço cênico, a primeira pessoa que entrou sairá para observar de fora esse corpo-máquina.
8. Em seguida, a segunda pessoa que entrou no espaço também sairá. E assim por diante, até que sobre somente uma pessoa com o seu movimento e som inspirado em uma profissão.

TRILHA
Sustentar o corpo

- Como é se mover, caminhar ou dançar prestando atenção em cada parte de seu corpo?
- Realizar um movimento com atenção e consciência pode trazer mudanças nos hábitos e na postura corporal. Você percebe alguma diferença ou mudança em sua postura desde que começamos a estudar o corpo e o movimento?
- Você sabe o que é plano sagital em dança?

Ao observar a imagem a seguir, podemos analisar a movimentação do dançarino e coreógrafo Ismael Ivo a partir do elemento espaço e por meio do estudo dos planos de movimento. O plano transversal é aquele que passa horizontalmente pelo corpo e o divide entre parte superior e parte inferior. É também chamado de plano da mesa. Nesse plano, podemos flexionar a coluna para a frente do corpo ou estendê-la para trás.

Ismael Ivo com a dançarina japonesa Yui Kawaguchi, em cena da ópera *Apolo e Jacinto*, de Wolfgang Amadeus Mozart (1756-1791). Berlim, Alemanha, 2006.

Na imagem, o gesto do bailarino mostra como ele usa esse plano espacial para sustentar o corpo: o tronco está todo direcionado para trás e seus braços, para a frente.

Provavelmente, esse movimento aconteceu depois que ele deixou o apoio do pé da dançarina atrás dele. Tem-se a impressão de que ele estava caindo ou sendo levantando por meio da ajuda da dançarina.

- Você se imagina realizando este movimento? Experimente realizá-lo.

- Como foi a experiência? Encontrou alguma dificuldade? Facilidade?

Os pés têm uma importante função de sustentação, dando base para muitos movimentos no dia a dia e também na dança.

Para realizar o movimento retratado na imagem, é necessário que os pés estejam bem apoiados e firmes no chão. Eles nos levam para todos os lugares, todos os dias, mas nem sempre prestamos atenção nessa parte do corpo. Você sabia que o modo como pisamos com os pés no chão influencia todas as outras partes do corpo?

A maneira como pisamos influencia a forma como o corpo se organiza.

ESQUELETO DO PÉ DIREITO

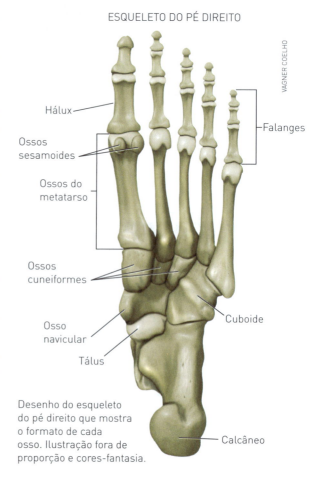

Desenho do esqueleto do pé direito que mostra o formato de cada osso. Ilustração fora de proporção e cores-fantasia.

Quando caminhamos, devemos primeiro tocar os calcanhares no chão e, por último, os dedos dos pés. Esse movimento ajuda a distribuir melhor o peso do corpo sobre os pés e cria uma espécie de mola que nos projeta para a frente, devolvendo o impulso do chão.

- Você tem o hábito de caminhar com os pés descalços? Quando e onde costuma fazer isso?

Quanto mais sentimos o contato dos pés com o chão sem os sapatos, tênis ou meias, mais ganhamos equilíbrio e sustentação em nossos movimentos. Por isso, de vez em quando, é importante caminharmos descalços, principalmente na terra, na areia ou na grama. Esses diferentes tipos de terrenos vão estimular os músculos dos pés, fortalecendo-os e deixando-os mais flexíveis.

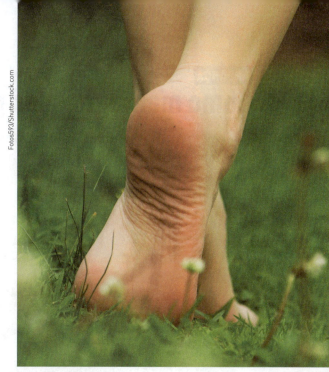

Caminhar com os pés descalços na grama é saudável!

 Clareira

Ismael Ivo: um coreógrafo brasileiro em destaque no mundo

Ismael Ivo é bailarino, coreógrafo, criador do Festival Internacional ImpulzTanz de Viena, primeiro negro e estrangeiro a dirigir o Teatro Nacional Alemão. Construiu uma carreira artística importante por meio da dança. Sempre defendeu que dançarinos são pessoas capazes de atuar como criadores, fazendo escolhas e refletindo sobre suas ações tanto nas composições coreográficas quanto no mundo.

O coreógrafo Ismael Ivo, em Viena, Áustria, 2011.

ANDANÇA
Como manter nossos pés saudáveis

🔊 áudio Nesta atividade, vamos realizar uma sequência de massagens e exercícios para ativar e sensibilizar a pele, os ossos, os músculos e as articulações dos pés.

1. Sente-se de modo confortável no chão. Apoie uma das pernas sobre a outra. Deixe o tornozelo livre para ser movimentado.

2. Entrelace os dedos da mão nos dedos dos pés e puxe-os suavemente, girando o tornozelo em círculos. Esse exercício é ótimo para mover todas as articulações dos dedos, assim como os ossos do metatarso (como mostra a imagem do esqueleto do pé). Depois, repita no lado oposto.

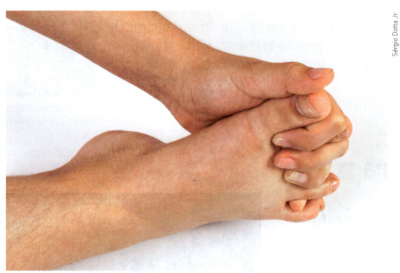

Entrelaçando os dedos dos pés com os dedos das mãos.

3. Tente flexionar os pés, arqueando os dedos para trás, o quanto conseguir. Se precisar, você pode usar as mãos para puxá-los suavemente.

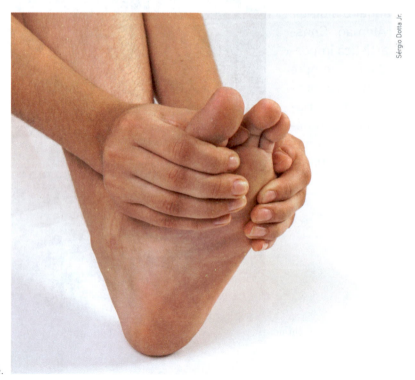

Flexionando o pé.

4. Ainda sentado, coloque os pés firmemente no chão. Em seguida, levante todos os dedos do pé do chão sem mover o calcanhar.
5. Agora, experimente flexionar apenas o dedão do pé, enquanto mantém os outros dedos bem apoiados no chão. Você pode ajudar com as mãos, se necessário. Em seguida, flexione os dedos e mantenha apenas o dedão apoiado no chão.

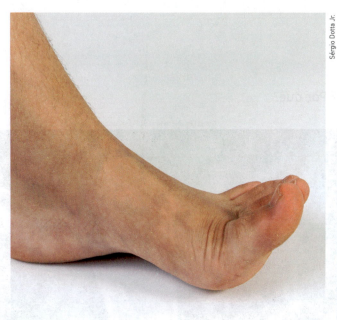
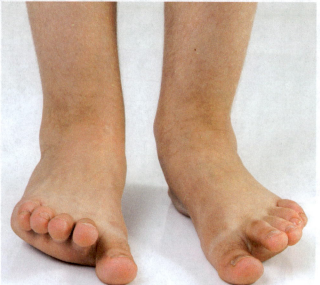

Elevando e flexionando os dedos dos pés.

6. Experimente ficar sentado por 30 segundos sobre os joelhos com os dedos bem apoiados no chão. Essa postura vai alongar a planta dos pés e dedos.
7. Levante-se lentamente e coloque os pés no chão. Encolha os dedos, como se estivesse agarrando algo com os pés. Solte suavemente e repita pelo menos três vezes esse movimento de encolher os dedos e soltar.
8. Para finalizar, chacoalhe por alguns segundos um dos pés, como se quisesse tirar um chiclete grudado na sola. Em seguida, faça o mesmo movimento com o outro pé.
9. Apoie bem os dois pés no chão, feche os olhos por um instante e veja o que você percebe. Agora, caminhe um pouco pelo espaço com os pés despertos!

- O que você sentiu ao tocar, massagear e flexionar os pés?

Agora que você já experimentou massagear os próprios pés e viu como eles são flexíveis, tente reparar no modo como caminha e se apoia sobre os seus pés no dia a dia. Isso pode ajudá-lo a ganhar mais equilíbrio também para dançar!

Os pés podem nos levar a lugares que nunca imaginamos. A dança também pode nos levar a conhecer pessoas, lugares e ideias inesperadas. Vamos ver como essa arte, além de ser uma atividade que traz diversão e movimento, pode também possibilitar novos rumos na vida das pessoas? Vamos ver também para onde a dança pode nos levar?

CAPÍTULO 2

As profissões na dança

Observe o dançarino na imagem abaixo.

- Qual é a ação sugerida por seus movimentos? Por quê?

Espetáculo *Messias*, da Cia. de Dança Palácio das Artes. Belo Horizonte (MG), 2016.

Parece que, além dele, os outros dançarinos vestem um figurino que lembra pequenas asas.

- Você acredita que a dança pode trazer liberdade para a vida de uma pessoa? Por quê?

Agora observe a próxima imagem.

- É possível identificar qual é o plano espacial em que os dançarinos estão realizando o movimento?
- Você conhece o plano frontal? Como ele divide as ações do corpo?

Tatiana Campelo em um Aulão Solidário *Black* Luxo, que reuniu amigos e alunos da coreógrafa. Salvador (BA), 2016.

- Você conhece ou conheceu alguém que trabalha com dança?
- Você imagina como é a vida de um dançarino ou de um coreógrafo?
- Na sua opinião, como é a rotina de um dançarino em uma companhia de dança?

Existem muitas possibilidades de trabalhar com dança, seja fazendo parte de uma companhia de dança profissional, seja dando aulas de dança em uma academia ou escola, seja criando coreografias para grupos de dança, e ainda muitas outras profissões que estão relacionadas à arte da dança. Neste segundo capítulo, vamos ver como é o dia a dia de um dançarino em uma companhia de dança e outras profissões de pessoas que escolheram a dança como maneira de viver.

CAMINHOS
Uma vida com a dança!

Observe a imagem abaixo, que mostra pessoas participando de um festival de dança.

- Como você acha que o figurino destes dançarinos está se relacionando com o estilo de dança que eles apresentam?

Os figurinos com os detalhes de linhas retas e cores de tons metálicos nas roupas se relacionam com as características dos movimentos ágeis, rápidos e certeiros das danças urbanas. No entanto, também estão relacionados com as características e os elementos das áreas mais urbanizadas de uma cidade como Berlim, por exemplo, com uma arquitetura que conta com prédios modernos e recobertos de vidraças metalizadas e com uma organização espacial planejada.

Dançarinos da Breakdance Company Flying Steps se apresentam em Berlim, Alemanha, 2014.

Agora observe a imagem a seguir, em que duas dançarinas se apoiam sobre a bacia e a coxa de um dançarino.

- Se você tivesse de realizar essa posição, como seriam os seus movimentos para concretizá-la?

Para que as dançarinas chegassem a essa posição, foi preciso um estudo, uma técnica de como se apoiar com precisão em cima da bacia e da coxa do dançarino, dosando a força e distribuindo o peso do corpo de cada uma de maneira equilibrada.

Ação terminal, do Coletivo O12. São Paulo (SP), 2012.

O dia a dia de quem dança pode variar bastante, mas a pessoa que escolhe apresentar uma coreografia, integrar uma companhia de dança ou mesmo dar aulas de dança sempre estará convivendo com outras pessoas. Isso independe de onde atua cada dançarino.

Na imagem de abertura deste capítulo vemos um dos bailarinos da Cia. de Dança Palácio das Artes, em Belo Horizonte (MG). A rotina de um dançarino de uma companhia de dança como essa é cheia de ensaios, aulas e treinos, e a convivência entre eles dentro de um teatro pode durar um dia inteiro.

Geralmente, dançar em uma companhia envolve atividades com horários bem definidos e uma disciplina necessária para a criação e manutenção das atividades artísticas do grupo.

- O que chama mais a sua atenção na primeira imagem do capítulo, onde vemos a coreografia *Messias*?
- Você imagina qual estilo de música eles estão dançando?

Messias é uma composição coreográfica inspirada na obra musical oratório Messias, de Georg Friedrich Händel, compositor alemão do século XVIII. Em contraste com essa inspiração, os gestos e o figurino dos dançarinos criam movimentos com mais liberdade, diferentes das formas de dançar da época da trilha sonora. Para isso, o coreógrafo dessa companhia precisou estudar essa composição musical e pensar em como criar um modo de dialogar com ela por meio da dança contemporânea, apresentando uma obra que tocasse o público e o emocionasse, ampliando o conhecimento da plateia sobre a música do passado.

De modo diferente, em uma aula de dança afro, as pessoas têm a chance de ampliar o conhecimento sobre esse estilo de dança, criado com ritmos percussivos por meio da experiência vivida no próprio corpo. Na interação com quem ensina, os alunos podem perguntar, tirar dúvidas, aprofundar o sentido de cada gesto, cada movimento. Além disso, quando entramos em contato com essas manifestações, podemos também nos conectar com elementos culturais de diversos povos do continente africano, reconhecendo matrizes culturais presentes na cultura brasileira.

Vimos até o momento como é a rotina de bailarino em uma companhia de dança profissional, mas também vimos como é possível dançar fora de uma companhia, criando o próprio grupo de dança, sem necessariamente ter passado por uma formação clássica em balé. Você já se perguntou qual é a diferença entre ser dançarino e bailarino?

Coordenadas

Dançarino ou bailarino?

Quando podemos dizer que tal pessoa é *dançarina* ou *bailarina*?

Geralmente, usamos *bailarina* ou *bailarino* para as pessoas que tiveram formação em balé clássico ou alguma outra dança clássica. Mas isso não é uma regra tão fixa. Já *dançarino* é aquela pessoa que tem uma formação que mistura várias técnicas de dança ou que dança algum estilo moderno ou contemporâneo.

Na imagem, vemos a bailarina e coreógrafa Ana Botafogo, que cria coreografias nas quais usa passos do balé clássico para dançar músicas e temas da cultura popular brasileira.

Ana Botafogo, em apresentação no Teatro Municipal do Rio de Janeiro (RJ), 2012.

Outra possibilidade de ter uma experiência com a dança é participar de um festival de dança – encontro que reúne apresentações de diversos grupos de diferentes cidades, cada um com uma história e com uma coreografia. Esses eventos são criados para que as pessoas possam conhecer composições coreográficas, interagir e experimentar aulas de diferentes técnicas ou estilos de dança.

Mirante

Transformação social com a dança do *hip-hop*

- Você conhece alguma dança que se aprenda nas ruas da sua própria cidade? Qual? Como ela é?

Pablo Bernardo

Apresentação de dança durante o evento Palco Hip Hop de Danças Urbanas. Belo Horizonte (MG), 2016.

Hip-hop é um estilo de música criado pelas comunidades jamaicanas que viviam em Nova York na década de 1970. Espalhou-se pelo mundo e se transformou em uma cultura que envolve vários estilos de dança, moda e pintura, como o **grafite**.

Afrika Bambaataa é um músico e produtor musical que ajudou a fortalecer a cultura do *hip-hop* como uma cultura de paz, possibilitando que jovens habitantes de áreas violentas e com alta **desigualdade social** pudessem ter acesso a essa expressão artística. Ele organizou várias "batalhas" não violentas entre jovens com um objetivo pacificador. Essas batalhas são encontros realizados em rodas em que cada dançarino ou *performer* apresenta uma sequência de passos ou uma canção com rimas feitas na hora.

> **Glossário**
>
> **Desigualdade social:** é quando há um desequilíbrio entre diferentes grupos sociais no acesso a bens e a direitos (por exemplo, educação pública, moradia, saúde e transporte de qualidade).
>
> **Grafite:** é um desenho pintado ou gravado sobre uma superfície que não foi previamente feita para essa finalidade. Vem sendo reconhecido como uma expressão artística ligada às artes urbanas, em que os artistas aproveitam os espaços públicos, para criar desenhos em muros, paredes, prédios e túneis com a intenção de interferir na paisagem da cidade.

103

TRILHA
Danças inesperadas

Flashmob realizado na Estação da Luz, em São Paulo, em homenagem à música *Saudosa maloca*, de Adoniran Barbosa (1910-1982), durante as comemorações do centenário do cantor e compositor paulista. São Paulo (SP), 2010.

Para continuar a explorar as possibilidades de transformação por meio da dança, veremos grupos de pessoas que se encontram para ensaiar um movimento, treinar determinada técnica ou mesmo criar coreografias.

Muitas vezes, esses grupos se iniciam sem um diretor. O aprendizado acontece pela troca de conhecimento entre os participantes. A continuidade dos encontros pode fortalecer o grupo, levando-o até mesmo a se tornar um grupo profissional. As companhias que se formam dessa maneira são chamadas de independentes, pois nascem de iniciativas de pessoas que têm a intenção de ampliar seus conhecimentos em dança e compartilhá-los com o público.

Esse é o caso do Coletivo 012, da cidade de Votorantim (SP), que criou uma composição coreográfica para um terminal de ônibus. Lá, os dançarinos realizaram algumas ações nas plataformas onde os passageiros esperam os ônibus. Os movimentos dessa dança foram inspirados nas ideias de parceria, amizade e coletividade. Na imagem que você viu desse grupo, na seção **Caminhos**, um trio de dançarinos realiza um movimento no qual são necessários o apoio, a confiança, a entrega do peso e a sustentação entre os corpos.

Há também pessoas que se unem apenas para realizar ou participar de uma única coreografia coletiva. Esses agrupamentos repentinos são chamados de *flashmobs* e não têm a intenção de se tornar uma companhia de dança. Na maioria das vezes, os *flashmobs* são combinados por meio das redes sociais e da internet. A ideia é marcar uma data, um horário e um local onde as pessoas se encontram para realizar uma *performance*, geralmente inesperada, para as demais pessoas que estão no local. É comum que os *flashmobs* aconteçam em espaços públicos ou outros locais onde há grande concentração de pessoas.

- Você já viu uma dessas apresentações?

Flashmob realizado em Havana, Cuba, 2010.

Os agrupamentos se organizam para ensaiar uma coreografia que acontece por um tempo determinado. Logo que ela acaba, todos os dançarinos vão embora, dispersando-se no ambiente. Às vezes, os movimentos da coreografia são fáceis de realizar e as outras pessoas que transitam nos espaços acabam participando também.

Nesta **Trilha**, você pode conhecer algumas possibilidades de atuação com a dança em grupos ou coletivos, que podem ser temporários – durarem apenas uma coreografia, como um *flashmob* – ou em grupos independentes, cujos dançarinos escolhem permanecer juntos, colaborando entre si e criando estratégias de pesquisa e produção em dança sem necessariamente depender de uma instituição.

É importante ver como essas ações ligadas à dança podem modificar a paisagem onde acontecem e mobilizar diversas pessoas, seja dançando, seja assistindo a uma dança ou realizando outras funções dentro desses eventos.

TRILHA
Outras profissões na dança: cenografia, trilha sonora, figurino e iluminação

Observe a imagem.

Espetáculo *Entre*, da Mimulus Cia. de Dança. Minas Gerais, 2012.

- Como as dançarinas estão usando o cenário?
- Seria possível usar uma parte do cenário como um figurino de dança?

Há coreografias em que os dançarinos interagem com o cenário, criando movimentos com os objetos da cena. Isso modifica nosso olhar sobre a dança, criando novas relações e sentidos para uma coreografia. Como no espetáculo da Mimulus Cia. de Dança, em que vemos duas dançarinas girando sobre o próprio corpo e envolvendo a cabeça no tecido da cortina, enquanto outros dois dançarinos aparecem suspensos atrás da outra metade da cortina fechada. O mesmo elemento, a cortina, está sendo usado de duas maneiras diferentes no mesmo espetáculo.

- Uma cortina poderia ser usada de quantas maneiras em um espetáculo de dança?

Observe a imagem a seguir.

Cena do espetáculo *Esses Pessoa*, da companhia de danças urbanas Diamond Dance Crew (Grupo de Dança Diamante), no Sesc Amapá (AP), 2017.

De maneira semelhante, os dançarinos da companhia de dança urbana Diamond Dance Crew realizam um movimento atrás de uma espécie de cortina de fios. Mas, nesse caso, os fios têm sentido simbólico e podem criar a ideia de que cada um possui desenho próprio, assim como cada pessoa também tem o próprio desenho corporal.

Os dois exemplos mostram como materiais simples podem agregar significados a uma coreografia e como os dançarinos criam movimentos que estão diretamente relacionados a esses elementos. Os movimentos da coreografia incluem as características do cenário e do figurino.

Para pensar um pouco mais sobre isso, observe a imagem da *performance Mar*, da coreógrafa e bailarina Beth Bastos.

- Qual é a relação entre o figurino e a imagem projetada ao fundo?

Performance Mar, de Beth Bastos. São Paulo (SP), 2006.

Nessa *perfomance*, Beth Bastos cria uma dança de improviso com os sons do mar. A saia que ela veste é feita de papel e foi criada tendo como inspiração o volume, a cor e o movimento das ondas por um **cenógrafo** com quem ela trabalha. A saia, além de ser um figurino para a dançarina, desempenha também o papel de criar um cenário, ou seja, um elemento cênico que dialoga o tempo todo com a cena da dança. Além da saia, há a projeção de um vídeo com as ondas do mar com o qual a dançarina também interage.

Para que essa interação entre dança, figurino e vídeo aconteça, é importante que todos os profissionais trabalhem em conjunto, formando uma equipe. Geralmente, quem dança também acaba criando e desenvolvendo habilidades de figurino, iluminação, trilha sonora e vídeo. Da mesma maneira, os profissionais dessas áreas também aprendem um pouco sobre os elementos que compõem uma coreografia.

Assim, criar um espetáculo de dança pode ser uma oportunidade de compartilhar conhecimentos em diferentes linguagens!

Glossário

Cenógrafo: é o profissional que cria, projeta e coordena a construção de um cenário que pode ser para teatro, dança, *show* de música, novela ou cinema.

Além do figurino e do cenário, outro elemento expressivo fundamental para uma criação em dança é a iluminação.

- Analisando a imagem abaixo, como você acha que a luz interfere nesta cena?

Cena do espetáculo *In(In)terrupto*, da Cia. Híbrida. Rio de Janeiro (RJ), 2018.

A iluminação de um espetáculo de dança pode variar bastante e depende do que o coreógrafo ou coreógrafa quer mostrar ou deixar no escuro: criar sombras, mostrar apenas uma parte do corpo de quem dança, dar ênfase a um momento da coreografia.

Na imagem acima, vemos os dançarinos durante o espetáculo *In(in)terrupto*, da Cia. Híbrida, serem colocados na sombra criada pelo contraste com as luzes acesas na parte inferior e no fundo do palco. Isso aconteceu porque o coreógrafo quis criar uma sensação de corpos que ficam ofuscados, sem brilho por estarmos vivendo em uma sociedade em que o modo de vida é exaustivo, cansativo.

- Você sente algo parecido ao ver a silhueta dos dançarinos no escuro?

O grupo explorou várias maneiras de usar a luz, às vezes dando mais visibilidade a alguns movimentos e, outras vezes, escurecendo partes dos corpos dos dançarinos com o objetivo de produzir novas sensações sobre um mesmo movimento.

ANDANÇA
Luz e movimento

Vamos experimentar criar algumas cenas de dança usando um tipo de iluminação?

Nesta prática, uma dupla terá a oportunidade de atuar tanto como iluminador quanto como dançarino.

1. Em uma sala escura, crie com a turma um espaço livre para explorar alguns movimentos.
2. Vocês vão precisar de uma lanterna.
3. Defina um lugar para o público assistir a esse experimento cênico.
4. Dividam-se em duplas.
5. Uma pessoa da dupla vai compor uma dança, atravessando de um lado a outro do espaço cênico, inspirando-se no ritmo da música. 🔊 áudio
6. Enquanto isso, a outra pessoa deve acompanhar o movimento, iluminando o corpo da dupla da maneira que quiser. É possível iluminar o corpo do dançante bem de perto, de longe, de cima, de baixo. O importante é mudar os pontos onde se ilumina e que se escolha alguma parte do corpo ou movimento para destacar com a luz.
7. Ao final do trajeto, trocam-se as funções: quem era dançante passa a ser iluminador e vice-versa.

- Como foi a experiência de dançar sendo iluminado por alguém?
- Você percebeu se a luz foi capaz de destacar ou modificar algum movimento?

CONEXÕES
Dança e tecnologia

Observe a imagem.

Espetáculo multimídia *Incandescente*, que reúne dança, música eletrônica, grafite e tecnologia visual e digital.

- Você percebe alguma relação entre os gestos dos dançarinos e os desenhos de luz?

Nesse espetáculo, artistas do Brasil e da França trabalharam juntos para compor uma obra que mistura dança de rua, música eletrônica, grafite e tecnologia visual digital. A cada gesto que o dançarino realiza, ele também desenha, a partir de um efeito criado na tela ao fundo do palco, que registra os rastros de seu movimento em forma de luzes.

Essas pinturas de luz produzem uma sensação de que o movimento permanece no espaço por um tempo mais prolongado, ganhando formas e cores que não imaginávamos. Em outros momentos da coreografia, os artistas dançam ao ritmo de música eletrônica, ao mesmo tempo que interagem com cenas de um vídeo com imagens do dia a dia dos moradores do **Morro do Alemão**, região periférica da cidade do Rio de Janeiro (RJ).

> **Glossário**
>
> **Morro do Alemão:** o Complexo do Alemão, mais conhecido como Morro do Alemão, é um bairro que apresenta um dos maiores conjuntos de habitação populares da Zona Norte do município do Rio de Janeiro (RJ).

AMPLIAR
Especialistas em brincadeiras

- Você já imaginou uma companhia de dança que viaja pelo Brasil com suas danças, cantos e histórias ligados à cultura brasileira?

O filme *Brincante* (2014) mostra danças, músicas e contos inspirados na cultura popular brasileira e realizados em diferentes lugares do Brasil. Brincante é uma pessoa que tem muitas habilidades: canta, dança, encena, toca instrumentos, inventa histórias, monta um cenário e viaja espalhando a sua arte com a alegria de uma brincadeira.

O filme traz a história dos personagens João Sidurino e Rosalina, interpretados pelos artistas Antonio Nóbrega e Rosane de Almeida, que viajam por várias cidades brasileiras junto com a companhia de dança até chegar a São Paulo.

Cartaz do filme *Brincante*, com direção de Walter Carvalho, 2014.

Pintura com dança!

Nesta unidade, você conheceu alguns grupos e pessoas que escolheram a dança como caminho para se desenvolver, interagir com outras pessoas, conhecer um pouco mais sobre sua própria cultura ou sobre algum outro estilo de dança por meio do estudo do movimento. Imagine um caminho. Como um caminho é criado? Pode ser porque alguém, por curiosidade, começou a caminhar, deixando suas pegadas sobre a grama, sobre a terra ou criando algum tipo de marca ou demarcação visual no chão ou no espaço.

Com a dança, podemos também criar nossos próprios caminhos por meio de uma expressão individual ou coletiva que fica registrada na memória das pessoas ou em forma de desenho, vídeo, fotografia, poema, canção etc.

Vamos experimentar criar uma pintura em que você registra seus gestos com tinta guache em uma grande folha de papel?

Você vai precisar de uma folha de papel bem grande para usar como se fosse uma passarela. Para isso, você pode unir uma folha na outra com fita adesiva ou usar um rolo de papel pardo.

1. O professor vai colocar uma música. Experimente realizar alguns movimentos inspirados nela. Como é o desenho dessa dança no espaço? Enquanto dança, você toca no chão com as mãos ou apenas com os pés?
2. O professor irá pausar a música. Com a ajuda dele, prepare um recipiente com tinta guache em que você consiga mergulhar seus pés descalços e suas mãos.
3. O professor vai colocar novamente a música para tocar.
4. Você irá fazer uma passagem pela passarela com a sua dança, de maneira que seus pés e mãos possam carimbar com tinta a folha de papel de uma ponta a outra.
5. Espere secar a tinta. Em seguida, você pode tentar refazer esse percurso de movimentos encaixando os pés e as mãos nas marcas de tinta.
6. Você pode trocar de pintura com um colega e experimentar encaixar seus pés e mãos na pintura que ele criou.

- O que você achou dessa experiência?
- Como foi poder criar uma forma de registrar a dança de sua preferência?
- O que você aprendeu dos movimentos dessa dança ao criar essa pintura com suas marcas pessoais?
- Como foi trocar de pintura, experimentando os movimentos de outra pessoa?

Ao longo desta unidade, falamos sobre algumas companhias, coletivos e grupos que escolheram a linguagem dança para estudar e aprofundar os conhecimentos e, com isso, conhecer também pessoas, lugares e culturas. Vimos ainda que a dança pode ser uma profissão e que, além de dançarino e coreógrafo, existem outras profissões que envolvem esse fazer artístico, como cenógrafo, iluminador e figurinista.

- O que você conheceu e não sabia sobre a vida de um dançarino profissional?
- Quais outras profissões existem no universo da dança além de dançarino ou de coreógrafo?
- Existe alguma diferença em dizer dançarina ou bailarina?
- Das profissões relacionadas à dança que você conheceu, sobre qual você gostaria de saber mais?

111

UNIDADE 4
MÚSICA

Aula de música no projeto *Música e transformação*. Vitória da Conquista (BA), 2018.

Partida

Observe as imagens.

1. O que elas têm em comum? Quais as diferenças entre elas?

2. Você imagina qual é a importância dessas manifestações para as comunidades que as praticam?

3. Quais as diferenças entre elas?

Nos anos anteriores, vimos diversas imagens de manifestações populares como as que essas imagens mostram. Nesta unidade, vamos refletir sobre como as pessoas fazem música em grupo e qual é o significado dessa e de outras práticas culturais para que as pessoas colaborem umas com as outras, construam a própria cidadania, transformem e ampliem a realidade de cada um.

Construir e transformar por meio da música

Crianças indígenas da etnia sateré-mawé cantando, tocando chocalho e tambor. Manaus (AM), 2014.

Roda de São Gonçalo na comunidade quilombola de Lagoa da Pedra. Arraias (TO), 2006.

CAPÍTULO 1

A música modifica a vida de todos!

O ensino de música funciona como um estímulo para crianças e jovens autistas.

- Observe as imagens e reflita: para que serve a música?
- Como a música nos ajuda a entender melhor quem nós somos?

A cultura de um povo – o que inclui suas músicas – se transforma no decorrer do tempo e, justamente por se tratar de algo em processo, que não é **estático**, possibilita que as pessoas também se transformem.

Glossário

Estático: algo parado, sem atividade e sem movimento.

Orquestra Quilombola Curiaú, a única orquestra do país formada por descendentes de negros escravizados, idealizada pelo Maestro Elias Sampaio, que se inspirou no projeto venezuelano El Sistema. Macapá (AP), 2013.

Grupo internacional de percussão *Batalá*, exclusivamente feminino e atuante em 19 países desde 1997. Brasília (DF), 2018.

CAMINHOS
Arte que transforma

As atividades ligadas à cultura são essenciais para as sociedades, pois é nas práticas culturais que as pessoas se reconhecem, se observam e constroem idealmente a sociedade na qual elas querem viver, transformando a própria realidade.

Festa de São Benedito, com destaque para o grupo Congado de São Benedito e Santa Efigênia dos Homens Pretos. Minas Novas (MG), 2016.

Cena do programa de TV *Viola Minha Viola*, com os músicos Sérgio Reis e Renato Teixeira. São Paulo (SP), 2010.

Imagine como as pessoas se organizam para que aconteçam diversas atividades musicais – uma festa de tradição popular, um grande concerto sinfônico ou uma apresentação musical qualquer.

● O que é preciso fazer para que tudo dê certo nessa apresentação?

Colaboração é a chave para a construção de qualquer atividade social, seja ela artística ou não. E, para colaborar uns com os outros, é preciso observar as outras pessoas, agir em conjunto e respeitar o tempo de cada um. Essas ações conjuntas fazem com que as pessoas se adaptem e se transformem, construindo constantemente uma nova sociedade.

TRILHA
Projetos sociais em música

- Você conhece algum projeto social da sua cidade que trabalha com música como ferramenta de desenvolvimento social ou alguém que aprende ou aprendeu a tocar um instrumento em um projeto social?

Apresentação do Coral Jovem do Sesc em Belo Horizonte (MG), 2011.

Os projetos sociais de música são aqueles que usam a música como ferramenta para promover desenvolvimento e inserção social. Por meio da educação e da prática musical, atuam em áreas carentes de diversas regiões do país – e, no Brasil, temos inúmeros exemplos de projetos que visam ao desenvolvimento humano das gerações em formação.

Glossário

"Tá rebocado": expressão regional baiana que significa "está certo" ou "está bem".

Um exemplo é a Associação Pracatum Ação Social, fundada em 1994, que mantém programas de educação, cultura e desenvolvimento comunitário, buscando melhorar a qualidade de vida do Candeal Pequeno, no bairro de Brotas, na cidade de Salvador, Bahia. A Associação Pracatum tem dois programas principais: o **Tá Rebocado** – programa de desenvolvimento comunitário que foca as ações nas áreas de saúde, meio ambiente e geração de trabalho e renda para quem vive no Candeal; e a Pracatum, programa de música, educação e cultura que oferece cursos de formação musical, gerenciamento de carreira e geração de empregos na área de música.

A ferramenta de trabalho da Pracatum é a música popular, em especial a que se utiliza dos instrumentos de percussão dentro das tradições musicais da Bahia – mas também faz uso das tecnologias atuais e das linguagens do *rap* e da música eletrônica.

No mesmo estado – Bahia –, existe outro projeto social que trabalha com música, o Neojibá – Núcleos Estaduais de Orquestras Juvenis e Infantis da Bahia; porém, pela vertente da música clássica (ou erudita). No projeto, os alunos aprendem a tocar instrumentos de orquestra e a prática da música orquestral, tocando em orquestras espalhadas por todo o estado.

Concerto da Orquestra Juvenil Neojibá. Salvador (BA), 2013.

Outra forma de olhar para a música como ferramenta de transformação social é a do Projeto Guri, que atua tanto na cidade quanto no estado de São Paulo. O projeto oferece cursos gratuitos, tanto de música popular quanto clássica, e procura envolver não somente as crianças e os adolescentes mas também os pais e outros familiares.

Nesse processo, são oferecidos cursos para toda a comunidade, e muitos pais e tutores de alunos acabam se engajando em corais e outros grupos. Esse é um recurso que faz com que as famílias tenham acesso à prática constante de um instrumento musical e também age como um catalisador das relações sociais, auxiliando o fortalecimento da autoestima da comunidade como um todo.

● **Vamos fazer uma reflexão sobre isso?**

Faça, rapidamente, uma lista de dois problemas que existem no seu bairro ou na sua comunidade que poderiam ser transformados. Em seguida, reflita sobre qual manifestação artística poderia ajudar a melhorar a situação das pessoas que são atingidas por esses problemas (pode ser de qualquer área das artes, não necessariamente música). Depois, escreva por que essa manifestação ajudaria a comunidade – se ela promoveria uma experiência de colaboração, se ela fortaleceria a autoestima das pessoas, se ela seria uma atividade que ajudaria as pessoas a viver melhor entre si.

Pense a respeito e organize as informações em uma tabela, como a do modelo ao lado.

Manifestação artística	Benefícios gerados
* * * * * * * * * * * *	* * * * * * * * * * * *
* * * * * * * * * * * *	* * * * * * * * * * * *

Mirante

El Sistema

● Você toca ou conhece alguém que toque em uma orquestra vinculada a um projeto social?

O Neojibá foi inspirado no programa venezuelano Fundação do Estado para o Sistema Nacional de Orquestras Jovens e Infantis da Venezuela (em espanhol, Fundación del Estado para el Sistema Nacional de Orquestas Juveniles y Infantiles de Venezuela) ou somente El Sistema, como é conhecido.

Idealizado pelo músico e educador musical venezuelano José de Abreu (1939-2018), o programa foi criado em 1975 com o objetivo de oferecer, por todo o país, educação musical gratuita de diversos instrumentos (com foco nos orquestrais), acreditando que essa é uma ferramenta efetiva de transformação social.

O modelo educacional do El Sistema foi levado para diversos países no mundo, tanto da Europa quanto das Américas, e há mais de quarenta anos forma tanto instrumentistas quanto cidadãos que estudaram música de forma gratuita na infância e adolescência.

Concerto da Orquestra Sinfônica Simón Bolívar, que faz parte do El Sistema, no Centro de Acción Social para la Música. Caracas, Venezuela, 2012.

TRILHA
Os caminhos da música eletrônica

Das muitas transformações que ocorreram na música, uma das mais significativas foi o desenvolvimento dos mecanismos da tecnologia como ferramenta para a composição musical.

● **No seu entendimento, o que é tecnologia?**

Tecnologia é um termo que significa, basicamente, a utilização de estratégias, métodos e/ou ferramentas que possibilitem a realização de algum processo que não seja de fácil solução. O uso da tecnologia faz parte da vida humana e está presente nas ciências, na indústria, na urbanização e em muitos outros aspectos da vida.

Pensando bem, a tecnologia faz parte da música desde sempre, pois, para tirar som de um objeto, foi preciso um pensamento elaborado e bastante tecnológico!

Na música, são muitos os exemplos do uso da tecnologia, desde as transformações na construção de instrumentos até o desenvolvimento de instrumentos completamente eletrônicos – que não precisam de uma pessoa para tocá-los. Esse é o caso do teremim, instrumento musical controlado sem contato físico, inventado pelo russo Léon Theremin (1896-1993) em 1920.

A **tereminista** alemã Carolina Eyck tocando teremim. Fredersdorf, Alemanha, 2008.

Para que o teremim emita sons musicais, é preciso posicionar as mãos ao seu lado e movimentá-las perto das duas antenas de metal que fazem parte do instrumento, o qual utiliza sensores de rádio para emitir os sons das frequências de rádio. A antena direita do instrumento musical é responsável por mudar a frequência e a esquerda altera o volume. Você já ouviu o som de um desses rádios antigos, nos quais tem que sintonizar a emissora mecanicamente? Sabe o som chiado e agudos que sobem e descem? Pois bem, o som do teremim é produzido da mesma forma – mas, controlado, emite uma só nota. Ouça o som do teremim.

Glossário

Acústicos: instrumentos que não são amplificados.
Tereminista: instrumentista que toca o teremim.

● **O que você achou do som do teremim? Como você o definiria?**

No decorrer do século XX, diversos instrumentos eletrônicos foram inventados, como a guitarra elétrica, o contrabaixo elétrico e os pianos elétricos e sintetizadores de som.

Esses instrumentos transformaram a concepção de som e audição de música, principalmente no que diz respeito à qualidade do som relativa à intensidade, uma vez que a potência sonora desses instrumentos elétricos é muito maior que de seus similares, **acústicos** – por exemplo, o contrabaixo acústico.

Ouça o som do contrabaixo acústico e do contrabaixo elétrico.

- Como você definiria as diferenças entre o som dos dois instrumentos?
- Você conhece outros instrumentos elétricos? Quais?

O computador pode ser um potente recurso para a composição musical, pois ele é capaz de gerar sons chamados eletroacústicos (sons que são gravados e depois modificados em computador). O computador não é exatamente um instrumento musical, mas, sim, uma ferramenta para que uma composição aconteça e, basicamente, ele transforma as **ondas sonoras** dos sons gravados, gerando outros sons – completamente diferentes dos originais. É com esses novos sons que o compositor irá criar sua música.

Esse gênero de música é conhecido como música eletroacústica e está presente tanto na música popular quanto na música clássica (também chamada erudita). Veja mais sobre música eletroacústica na seção **Coordenadas**!

A onda sonora gerada por um som pode ser determinada por alguns aparelhos, como o osciloscópio, um dispositivo elétrico que permite dimensionar o som. Porém, atualmente, são inúmeros os programas de computador que fazem essa função.

- O que você lembra da qualidade do som chamada timbre?

Observe a imagem a seguir. São ondas sonoras produzidas por diferentes fontes, mas tocando uma mesma nota.

Observe as diferenças entre elas e ouça os exemplos musicais.

- Você imagina o que isso significa? Por que cada um, tocando a mesma música, produz ondas diferentes?

Cada um desses instrumentos tem um corpo diferente, um material que ressoa diferente – e essa diferença fará com que cada um produza uma onda sonora diferente. O timbre é isto: o tipo de onda que o emissor de um som produz com base no material específico de que é feito seu corpo.

> **Glossário**
>
> **Ondas sonoras:** são ondas mecânicas que vibram, produzidas por um objeto, e que, chegando aos nossos ouvidos, possibilitam a percepção do som.

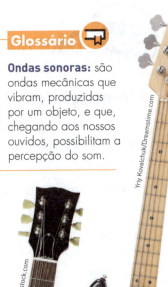

Contrabaixo elétrico.

Guitarra. Observe os botões de volume e timbre à direita, no corpo da guitarra e do contrabaixo elétrico.

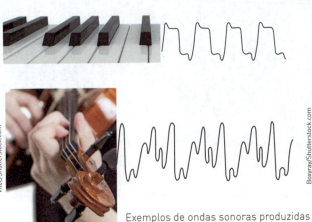

Exemplos de ondas sonoras produzidas por diferentes instrumentos.

Contrabaixo acústico.

Coordenadas

A tecnologia dos sons

Em 1948, o compositor francês Pierre Schaeffer (1910-1995) gravou diversos ruídos de trens em rolos de fita magnética que foram cortadas e coladas novamente de forma aleatória. O resultado da colagem foi ouvido posteriormente.

- Você imagina como soou a música ouvida por Schaeffer?

A composição se chamou *Estudo sobre a estrada de ferro* (em francês, *Étude aux chemins de fer*) e foi uma das primeiras composições a usar ruídos gravados como matéria-prima para a construção de uma obra musical – ou seja: ele usou esses pedaços de fita como se fossem notas musicais.

A técnica de usar ruídos e outros sons gravados e posteriormente modificados foi chamada de música concreta, e se refere à música feita a partir da junção de elementos denominados "objetos sonoros", que vão desde sons e ruídos dos ambientes até o som de instrumentos musicais.

Pierre Schaeffer trabalhando em seu estúdio.

O compositor Karlheinz Stockhausen trabalhando no computador, 1989.

Esse foi um dos muitos movimentos que se valeram do desenvolvimento da tecnologia como ferramenta musical, e fazem parte do gênero musical chamado música eletrônica. A música concreta está presente em diversas composições da música popular, nacional e internacional.

A partir da década de 1950, a ideia de trabalhar sons eletrônicos como material musical ganhou força, e um dos artistas que se dedicaram a essa técnica foi o compositor Karlheinz Stockhausen (1928-2007), um dos principais desenvolvedores da linguagem da música eletrônica.

Uma das principais obras de Stockhausen é a composição eletroacústica *Kontacte*, composta entre 1958 e 1960 para sons eletrônicos gravados em fita magnética e transformados no computador, além de um piano e um instrumento de percussão. Na apresentação, quatro amplificadores de som são colocados nos cantos de uma sala, em torno do público, soando de tal maneira que a plateia ouve a música "se movimentando" ao redor.

CONEXÕES
Música e artes visuais

O compositor russo Alexander Scriabin (1871-1915) foi um visionário, construindo, no decorrer de sua vida profissional, uma ideia de música como agente de transformação da realidade sensorial, que envolvia questões muito além dos próprios sons.

Como já foi visto, muitas vezes as linguagens artísticas se misturam, e é exatamente isso que acontece na composição *Prometheus – O poema do fogo*, do russo Alexander Scriabin. Essa obra foi escrita entre 1908 e 1910 para ser tocada por uma orquestra, um piano, um coral e um *clavier à lumières*.

Teclado de piano e o teclado com luzes de Scriabin.

O *clavier à lumières* (nome francês que pode ser traduzido como "teclado de luzes") foi um teclado concebido para irradiar luzes de cores específicas (e, para isso, era preciso pressionar uma tecla igual à do piano). Essas cores eram relacionadas com os sons das notas da escala musical. Observe as imagens acima.

Você conhece o piano? A primeira imagem representa o teclado do piano convencional, e a nota sinalizada pela seta preta é a nota dó – ou seja, ao pressionar essa tecla, a nota que irá soar será a nota dó. O teclado da segunda imagem é muito parecido com o do piano, porém, suas teclas não produzem notas – e a tecla sinalizada pela seta vermelha indica que a cor que corresponderia ao dó, para o compositor, seria a cor vermelha (e o mesmo acontece com as outras notas: cada uma tem uma cor).

A ideia do compositor era unir cor e som, produzindo uma experiência de sinestesia – que é a capacidade de unir duas ou mais sensações ligadas aos sentidos humanos (nesse caso, audição e visão).

A maioria das composições de Scriabin foram escritas para piano, pois era o instrumento que ele tocava. Nada mais natural que ele, ao imaginar um instrumento que produzisse cores vinculadas aos sons musicais, inventasse um piano de luzes.

Observe, nas imagens a seguir, como o compositor concebeu os diferentes momentos da música, com suas cores específicas.

Orquestra Sinfônica de Yale

Cena de *Prometheus – O poema do fogo*, com a Orquestra Sinfônica de Yale. Estados Unidos, 2010.

- Você vê que a iluminação traz a cor azul: o que acha que isso significa?

Agora, observe a próxima imagem.

125

Cena de *Prometheus – O poema do fogo*, com a Orquestra Sinfônica de Yale. Estados Unidos, 2010. Nesse outro momento da mesma apresentação, as notas e as cores mudaram completamente.

- Quais cores estão sendo usadas?

Se você refletir sobre essa situação, verá que o compositor, ao estabelecer relações entre som e cor por meio da tecnologia disponível na época, criou um sistema muito próximo do que é chamado de "multimídia" na atualidade.

ANDANÇA
Ouvindo compassos diferentes: o quinário

Nos anos anteriores, conhecemos diversos compassos: o binário (cuja acentuação é de dois em dois tempos fortes), o ternário (que tem a acentuação ocorrendo de três em três tempos) e o quaternário (com acentuação de quatro em quatro tempos), além do compasso sincopado.

A maioria das músicas que ouvimos se encaixa em algum deles. Porém, existem compassos que não são tão conhecidos e que são chamados de complexos. São, por exemplo, os compassos cuja métrica não é regular, e a acentuação do tempo forte é de cinco em cinco tempos, e outro que é de sete em sete.

1. Inicialmente, observe a imagem que representa o pulso básico de uma música.

2. Perceba qual é a regularidade dos traços mais grossos, que representam os tempos fortes.
3. Ande pela sala batendo os tempos fortes com mais intensidade com os pés – perceba que cada tempo forte é batido com os pés alternados, uma vez é o pé direito, outra vez é o esquerdo. Conte alto os pulsos batidos pelos pés.
4. Tente fazer esse exercício com tranquilidade, dance um pouco, deixe que esse tipo de compasso fique confortável.
5. Agora, ouça a música e bata palmas de acordo com as indicações de seu professor.
6. Agora que você já está mais acostumado com o compasso em cinco, levante novamente e caminhe – da mesma forma como fez inicialmente – mas agora batendo palmas, acentuando os tempos fortes.

- Como você sentiu esse exercício? Foi difícil executá-lo?
- Você já havia escutado alguma música escrita no compasso em cinco (ou quinário)?

 ## Clareira

O *jequibau*

- Você já ouviu falar no *jequibau*?

Jequibau é um ritmo de música brasileira em compasso quinário, lançado pelo pianista Mário Albanese e pelo maestro Cyro Pereira (1929-2011).

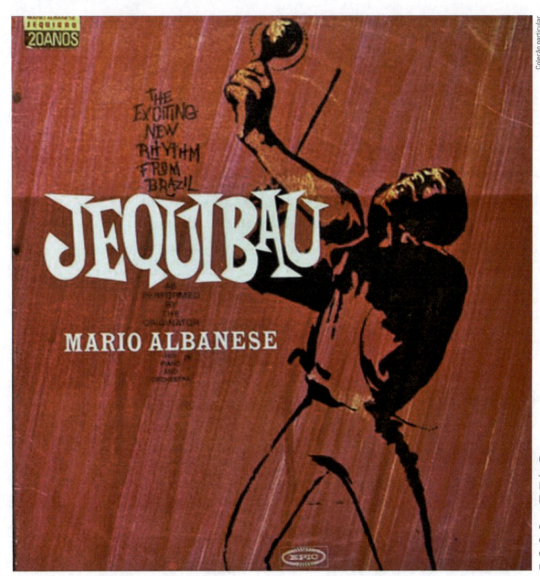

Capa do álbum *Jequibau*, de Mário Albanese, lançando em 1965. Na capa está escrito, em inglês, "o excitante novo ritmo do Brasil".

A palavra *jequibau* é um neologismo, isto é, uma palavra nova, inventada para batizar esse ritmo. O cordelista mineiro Téo Macedo escreveu um cordel sobre o fato:

Jequibau é jequibau
Diferente marcação
Cinco tempos por inteiro
Contrariando a tradição
Um compasso brasileiro
Nova forma de expressão! […]

O ritmo quinário já havia sido utilizado na música norte-americana em duas composições que ficaram muito famosas: *Take five*, do saxofonista norte-americano Paul Desmond (1924-1977), lançada em 1959; e o tema da série de televisão norte-americana, estreada em 1966, *Missão impossível*, do argentino Lalo Schifrin.

A criação de uma música em compasso quinário muito semelhante ao samba causou grande interesse internacional, e o álbum *Jequibau* foi lançado simultaneamente em 23 países.

Contracapa do compacto simples lançado no Brasil em 1965. No texto, diversos músicos da época louvam a criação do *jequibau*.

Ouça a música e acompanhe a pulsação em cinco, batendo palma no tempo forte. Esta é uma composição muito semelhante à música *Jequibau* e tem as mesmas características de um samba quinário.

- Você ouviu duas músicas no compasso quinário, na seção **Andança** e agora aqui, nesta **Clareira**. Qual das duas composições foi mais fácil de acompanhar? Por quê?

CONEXÕES
A sagração da primavera

O verbo "transformar" significa modificar, alterar, trocar – e, nas artes, foram muitas as transformações que ocorreram no decorrer dos séculos. Com relação à música de dança, na passagem do século XIX para o século XX, *A sagração da primavera* foi um importante marco e trouxe muitas inovações na música (mas também no cenário, no figurino e na forma de dançar).

- Você já assistiu a alguma apresentação de balé com a música feita especificamente para aquela coreografia?

A sagração da primavera foi um balé composto em parceria pelo bailarino e coreógrafo Vaslav Nijinsky (1889-1950), pelo compositor Igor Stravinsky (1882-1971) e por Nikolai Roerich (1874-1947), responsável pelos cenários e figurinos. Todos eram russos e trabalharam por encomenda da companhia Balé Russo, em Paris.

Para você entender como aconteceu essa mudança, observe a imagem a seguir e todos os detalhes da cena – o figurino, o cenário, a posição dos bailarinos. Esta é uma cena de balé semelhante ao que era tradicional até então:

Robbie Jack/Corbis/Getty Images

Espetáculo *As sílfides*, do American Ballet Theatre. Londres, Reino Unido, 2009.

129

Agora observe as imagens – e os mesmos detalhes.

Fotografia original do Balé Russo em *A sagração da primavera* em Paris, França, 1913.

- Quais semelhanças e diferenças existem entre a primeira e as outras duas imagens?
- Qual balé você imagina que seja o mais antigo e o mais novo? Por quê?

O balé *A sagração da primavera* estreou em maio de 1913. É a história de uma fantasia sobre uma comunidade na Rússia pré-cristã que todos os anos sacrificava uma jovem na primavera, acreditando que, com isso, teria uma boa colheita. O espetáculo foi apresentado no mesmo dia da coreografia *As sílfides* – que era o padrão de balé até então.

São inúmeras as diferenças entre elas, principalmente no que diz respeito ao figurino e à postura dos bailarinos de *A sagração da primavera*, com os pés voltados para dentro, sem **sapatilhas de ponta** e com os braços e os punhos fechados, em uma posição corporal que incomodou o público, acostumado aos movimentos mais redondos e suaves das coreografias tradicionais. Com relação à música, o desconforto foi o mesmo: a composição original de Stravinsky, com ritmos e timbres inéditos tocados pela orquestra, chocou tremendamente os presentes.

Glossário

Sapatilhas de ponta: são sapatos com uma ponta de gesso ou algum outro material firme, usados para moldar os pés das bailarinas de balé clássico, permitindo que se elevem sobre essa superfície e possam realizar as piruetas com velocidade.

Cena de *A sagração da primavera*, com The Joffrey Ballet e coreografia de Vaslav Nijinsky. Paris, França, 1990.

Por todas essas questões, o público se incomodou a tal ponto que, durante a apresentação, as pessoas gritavam, assobiavam e vaiavam. A polícia foi chamada para intervir, e a apresentação chegou ao fim com muita dificuldade.

Apesar de todo o tumulto na estreia, no decorrer do tempo o balé acabou sendo um sucesso – e as novas linguagens usadas na dança, na cenografia, no figurino e na música se tornaram um marco nas artes, impulsionando novas formas de expressão artística no século XX.

Neste primeiro capítulo, você aprendeu um pouco sobre transformações possíveis por meio da música. Além das diversas ações que podem ser feitas na direção de uma sociedade mais fraterna, foram abordados também diversos aspectos do desenvolvimento da tecnologia em música.

No segundo capítulo, você irá ampliar a ideia do que é o fazer musical e as inúmeras possibilidades das carreiras musicais.

CAPÍTULO 2
Ser músico!

- Observe as imagens e reflita: O que é ser músico?

Alunos do projeto Ópera na UFRGS apresentam *Tempos de solidão*. 7º Festival Internacional Sesc de Música em Pelotas (RS), 2017.

Ricardo Herz, violinista brasileiro. Teatro do Sesi, Rio de Janeiro (RJ), 2015.

- Você já se perguntou como o músico constrói sua vida profissional?
- Para que serve um músico na sociedade?

Seja da vertente da música popular, seja da música erudita, os músicos têm em comum a necessidade de estarem comprometidos a vida inteira com seus estudos e sua formação.

Aurino Quirino Gonçalves, conhecido como Pinduca, o Rei do Carimbó, durante cerimônia de entrega da Ordem do Mérito Cultural, em Brasília (DF), 2005.

133

CAMINHOS
Uma longa jornada

- Você já pensou em ser músico profissional?
- Você imagina como é a vida profissional de um músico?

Ana Valéria Poles, solista e **spalla** do naipe de contrabaixos da Orquestra Sinfônica Estadual de São Paulo, 2015.

Ser um instrumentista, um maestro, um cantor ou um compositor? Tocar em uma orquestra ou em uma banda? Ser um pesquisador na área de música?

Qualquer que seja a escolha, o músico profissional terá – por toda a vida – uma rotina diária de estudo (se ele for instrumentista ou cantor, irá estudar seu instrumento ou sua capacidade vocal; se for compositor, pesquisará técnicas de composição e criação, e assim por diante).

A carreira de músico é muito variada, o que faz com que as possibilidades de trabalhar com música sejam muito amplas. A perspectiva de ser um eterno estudante pode amedrontar um pouco, mas pense: qualquer atividade criativa é dinâmica, está sempre em movimento – e isso pode ser muito bom!

Glossário

Spalla: é o músico que lidera o seu naipe, dentro da orquestra.

TRILHA
São muitas as profissões

Você tem vivenciado nas unidades de Música, nos últimos anos, diversas possibilidades de experimentação musical e, seja com a voz, com o canto, com a percussão corporal ou em objetos e instrumentos, você tem construído expressões musicais criativas – fruto da sua escolha e de seus colegas.

O músico intérprete, no geral, faz isso: vivencia tocando, diariamente, expressões musicais criativas (criadas por ele ou por um músico especialista em criação, como é o caso dos compositores).

Os músicos intérpretes são aqueles que estudam profundamente durante muitos anos (pode ser um estudo formal em uma universidade ou não) a prática de tocar um instrumento e que, quando profissionais, continuam a estudar para manter a capacidade de *performance*. Músicos intérpretes são como atletas – se pararem de praticar, não conseguem mais tocar. Esses são os instrumentistas e cantores, tanto da música popular quanto da música clássica – e eles podem tocar em grupos ou como solistas.

O **compositor** é um profissional que cria obras dentro das mais diversas linguagens musicais. Ele pode ter ou não estudado formalmente música em uma universidade e saber ou não escrever música na linguagem formal da partitura. O compositor pode, ainda, trabalhar como **arranjador**, isto é, transformar uma música original para uma determinada interpretação, para outra diferente – por exemplo, um compositor pode fazer um arranjo de uma música escrita originalmente para uma pequena orquestra do século XVIII para ser tocada pela viola brasileira.

Esse profissional pode também trabalhar como compositor de trilhas publicitárias (também chamados *jingles*), música para teatro, para novelas ou música para cinema, ampliando sua possibilidade de trabalho.

O local de trabalho dessas atividades é, normalmente, o estúdio de gravação e, nesse ambiente, um músico que atua muito próximo ao compositor que faz *jingles* e trilhas sonoras é o **produtor musical**. Sua função é dirigir (como o diretor de teatro faz) a gravação.

No estúdio – e também no palco – trabalha o **engenheiro** (ou técnico) **de som**, profissional responsável pela qualidade sonora (ou sonorização) de algum evento ou gravação. É esse profissional quem decide e resolve, por exemplo, quais equipamentos serão levados para sonorizar o *show* de um artista, seja em um teatro, seja ao ar livre.

Outro profissional da música é o **DJ**, ou *disc-jockey*, a pessoa que cuida das músicas que serão tocadas tanto nas rádios quanto em festas. O DJ é um músico que, pelas características de sua profissão, tem um conhecimento extenso sobre os diversos gêneros musicais e, assim, conhece muitas músicas, tanto atuais quanto antigas, o que faz dele um especialista em repertórios variados para diversas ocasiões, sempre ampliados pelos novos gêneros musicais que vão surgindo.

Jessye Norman, cantora lírica solista norte-americana. Halle, Alemanha, 2006.

- Você tem o hábito de ouvir música? Tem um repertório amplo, isto é, ouve diversos gêneros musicais?

Há também profissionais de música que trabalham com pesquisa, o **musicólogo** e o **etnomusicólogo**. O musicólogo é o profissional que estuda diversos aspectos teóricos da música, como história, estética e filosofia da música, entre outros. É trabalho do musicólogo, por exemplo, compreender como a música se transforma no decorrer do tempo e quais são as influências desse processo na forma como as pessoas fazem e escutam música.

Já o etnomusicólogo é aquele que pesquisa grupos específicos de pessoas que desenvolvem uma prática musical – que podem ser tanto rurais quanto urbanos. O etnomusicólogo pode estudar grupos bastante diversos, por exemplo, brincantes de maracatu ou um grupo vinculado à linguagem *punk*. As duas profissões são muito semelhantes no que diz respeito ao resultado de seus trabalhos, que ajudam a compreender as funções e os objetivos da música na sociedade.

Quando se trata de partituras, o profissional dedicado a elas é, com maior frequência, o **arquivista musical**, que pode trabalhar tanto em acervos históricos de música quanto em orquestras. Na orquestra, o arquivista é aquele que organiza as partituras, separando o que é o acervo corrente (aquele que é usado no dia a dia) daquele histórico, que deve ser preservado porque é um patrimônio cultural.

Uma pessoa que quer se tornar um músico (seja ele de qual área for), geralmente deverá passar por uma experiência de aprendizado formal de música – e essa experiência é proporcionada pelo **educador musical**.

O educador musical é uma pessoa que se formou em Música, mas fez um curso voltado para a educação, isto é, ele também estuda pedagogia e, no caso, pedagogia musical, para entender as diversas formas de aprendizado de cada um e poder encontrar caminhos para que as pessoas tenham acesso à linguagem da música. No primeiro capítulo, falamos de um educador musical que idealizou um projeto de aprendizagem que se estendeu por toda a Venezuela. Esse é o educador musical, aquele que consegue ver como o ensino da música pode transformar a vida das pessoas.

Um profissional que transita entre a música e as artes cênicas é o **sonoplasta**. Esse profissional, tanto no cinema, mas, principalmente, no teatro, é o responsável por dar som a diversas ações no palco, como o som da chuva, os passos das pessoas ou um apito de trem.

O musicólogo Paulo Castagna manuseia manuscrito no Museu da Música de Mariana. Mariana (MG), 2014.

- Você já tentou imitar o barulho da chuva?

ANDANÇA
O setenário e as palavras

No semestre anterior, você conheceu o compasso quinário, um compasso complexo que tem o tempo forte de cinco em cinco pulsos. Agora você vai conhecer o setenário, cujo tempo forte acontece de sete em sete pulsos.

Este é um exercício introdutório para você se familiarizar com esse tipo de compasso.

1. Novamente, observe a imagem que representa o pulso básico da música e perceba qual é a regularidade dos traços mais grossos, que representam os tempos fortes.

2. Ande pela sala batendo os tempos fortes com mais intensidade com os pés – novamente, cada tempo forte é batido com os pés alternados (uma vez com o pé direito; na outra vez, com o esquerdo). Conte mais uma vez, em voz alta, os pulsos batidos pelos pés.

3. Faça o exercício com tranquilidade. Dançar e deixar o corpo entender esse ritmo vai ajudar, como na Andança executada no Capítulo 1, a deixar esse tipo de compasso confortável.

4. Ouça a música e bata palmas de acordo com as indicações de seu professor.

5. Em seguida, ouça a música novamente e caminhe – da mesma forma como você fez anteriormente, mas agora batendo palmas para acentuar os tempos fortes.

- Como você sentiu esse exercício?
- Foi difícil executá-lo?
- Qual tipo de compasso foi mais fácil, o quinário ou o setenário?

Para que você possa aprofundar a audição do compasso setenário, ouça agora a música *Brincando com Théo*, da compositora Léa Freire. Nessa audição você não precisa, necessariamente, bater os tempos do setenário, mas, sim, ouvir a música e tentar dançar no tempo do compasso.

Perceba como essa dança fica um pouco "quebrada", mas, com alguns minutos de audição, vai se tornando cada vez mais orgânica.

- Como foi a experiência de dançar ao som do setenário?
- Você já havia escutado alguma música escrita no compasso setenário? Se sim, qual?

Muito bem, agora forme grupos: você vai construir uma composição usando percussão corporal e a voz. Para essa música, você pode escolher um entre todos os compassos que aprendeu nos últimos anos.

- Você lembra quais são eles?

Essa composição será tocada por vocês, usando percussão corporal, mas não precisa ser cantada – ela pode ser falada, como no *rap*.

Vocês irão usar palavras cujo número de sílabas corresponda ao compasso que escolheram e vão construir uma narrativa ou uma poesia. Sigam os passos descritos a seguir:

1. Antes de criar a composição musical, vocês devem separar palavras cujas sílabas correspondam ao compasso escolhido. Por exemplo, a palavra etnomusicólogo tem sete sílabas e pode ser usada na composição de uma música em setenário. Faça listas com muitas palavras para que tenham muitas opções.

2. Escolham o gênero literário que vocês vão usar: poesia, um pequeno conto ou outro tipo de narrativa.

3. Façam uma lista de sons corporais que serão usados. Relembrem os trabalhados até agora e pesquisem outros na internet.

Para organizar a composição, vocês podem fazer uma tabela como a do modelo a seguir no seu caderno.

COMPASSO ESCOLHIDO:		
Lista de palavras	Gênero literário escolhido	Sons corporais a serem usados

Com essas informações definidas, construam a composição, pensando inicialmente no texto – e, depois, na parte rítmica. Elaborem uma partitura para a música usando desenhos, símbolos e cores.

A partitura deverá ter, como base, uma figura utilizada para simbolizar o tipo de compasso, por exemplo, esta imagem do compasso quaternário:

Depois, escolham como será a apresentação: se todos vão falar/cantar o texto ou não e se vocês vão encenar a música. É possível usar roupas, adereços e confeccionar objetos que auxiliem na apresentação.

Agora que vocês apresentaram, reflita sobre essa atividade.

- Como foi a experiência de construir essa composição musical?

CONEXÕES
A música, a poesia e o mangue

- Você já ouviu falar do movimento Manguebeat?
- E de Chico Science & Nação Zumbi?

O movimento Manguebeat, iniciado em 1991 na cidade do Recife (PE), foi uma manifestação artística que uniu linguagens da cultura popular – em especial, o maracatu rural – com diversos elementos da cultura *pop*, *hip-hop* e poesia urbana. O músico Chico Science (1966-1997) foi um dos principais idealizadores do movimento.

Chico Science e os músicos da banda *Nação Zumbi* relacionavam o movimento com uma identidade visual, expressa no uso de chapéu de palha, óculos escuros e a presença constante do caranguejo, crustáceo que vive no mangue, nos seus videoclipes. Nas suas músicas, a mistura de ritmos da cultura popular pernambucana com os instrumentos eletrônicos é constante.

A palavra "Manguebeat" é derivada da união das palavras *mangue*, o ecossistema predominante da cidade do Recife, com a palavra *beat*, que significa "batida" em inglês.

A identificação dos artistas do movimento com o mangue aconteceu porque, de um lado, a imagem do caranguejo que rasteja remete à população pobre da região, que vive nas áreas de mangue, hoje muito poluídas.

O músico Chico Science. Observe o chapéu, as roupas e os óculos: são elementos de identificação visual do movimento Manguebeat! Rio de Janeiro (RJ), 1994.

O caranguejo é um crustáceo que vive no mangue.

Chico Science & Nação Zumbi, em *show* no Central Park SummerStage. Nova York, Estados Unidos, 1995.

Do outro lado, a ocupação desordenada do mangue na região urbana da cidade do Recife e a degradação ambiental que ocorre nesse ecossistema também são foco das músicas do grupo.

O mangue é uma área de transição entre o mar e a terra e possui uma vegetação resistente à água salgada. É comum a presença de áreas de pântano, uma vez que a água doce mistura-se com a salgada, formando a água salobra, *habitat* de diversas espécies animais.

- Você conhece alguma área de mangue?
- O que você pensa sobre a preservação dos ecossistemas brasileiros?

Manguezal em Serrambi, Ipojuca (PE), 2013.

AMPLIAR
Música para curar

- Você já ouviu falar da musicoterapia? O que sabe sobre ela?

A musicoterapia pode ser uma importante ferramenta de apoio na educação de crianças com síndrome de Down.

Trata-se de uma área da música que, unida a conceitos médicos, usa a música em um contexto terapêutico, de apoio à saúde – tanto mental quanto corporal.

O profissional que trabalha na área é o musicoterapeuta, que se vale da linguagem musical e suas ferramentas (como o canto, a música instrumental, os ritmos variados e os instrumentos) para criar condições que promovam uma melhora no estado clínico do paciente.

O objetivo da musicoterapia não é a *performance* musical, mas a melhora da qualidade de vida por meio da ampliação da expressão pessoal e do aprendizado; por isso, cada tratamento é específico para determinada situação.

Outra ação bastante efetiva, que também usa a música como ferramenta terapêutica, é levar a música para os hospitais. Existem diversos projetos que executam essa atividade.

Alguns deles se propõem a levar concertos de música clássica e outras apresentações para dentro das áreas comuns dos hospitais, possibilitando às pessoas em tratamento (mas que consigam se deslocar de seus quartos) usufruírem dessa atividade de lazer.

Apresentação da Orquestra do Limiar, no Programa Música nos Hospitais, na Santa Casa de Santos. Santos (SP), 2014.

Outros projetos levam a música para dentro dos quartos dos pacientes de grandes hospitais, proporcionando que pessoas em condições de saúde muito graves possam ouvi-la.

Tais projetos têm sido, comprovadamente, auxiliares nos tratamentos clínicos das pessoas que se encontram hospitalizadas, pois promovem, além de bem-estar, situações propícias para que os doentes se afastem emocionalmente de seus problemas de saúde, aliviando essa carga emocional.

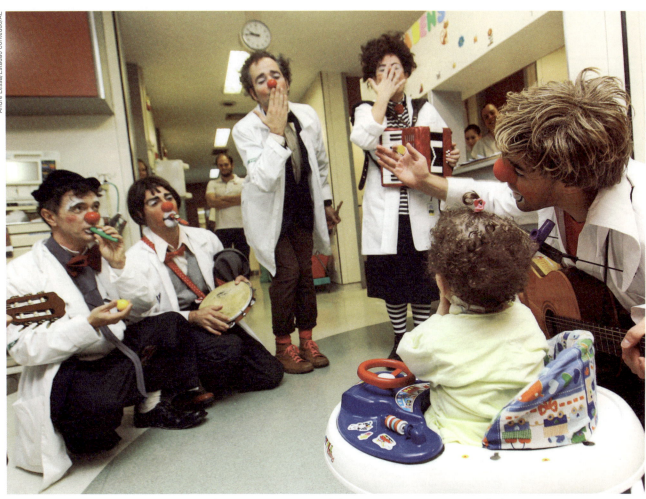

Doutores da Alegria em ação no Instituto da Criança, no Hospital das Clínicas em São Paulo. São Paulo (SP), 2012.

Trajetória

André Lindenberg

Leia a seguir a entrevista com André Pereira Lindenberg, músico que se dedica a construir instrumentos terapêuticos, além de atuar como professor e musicoterapeuta.

Quem é?
André Lindenberg

O que faz?
Musicoterapeuta, já construiu instrumentos e realiza experiências sonoras com função social.

Pergunta (P): Como você escolheu a música como profissão?

André Lindenberg (AL): Eu tinha 11 anos de idade e adorava andar de bicicleta. Minha cidade, Gurupi (TO), era pequena, e me fascinava explorar locais distantes e as surpresas que existiam nessas jornadas. Um dia um amigo me disse: "Perto do Rio Mutuca tem uma igreja onde existe uma bateria (instrumento musical)". Fomos pedalando até lá e, para minha surpresa, eu me apaixonei à primeira vista. Desde então, busco novas sonoridades que façam meus ouvidos se apaixonarem. Além disso, a música me proporcionava estar em lugares diferentes, conhecer pessoas diferentes. Percebi, naquela época, que se tivesse de fazer algo para o resto da vida seria trabalhar com sons.

P: E a musicoterapia? O que fez com que você quisesse trabalhar com isso?

AL: Tive bandas de todos os gêneros musicais: rock, *trash metal*, *punk rock*, MPB, *blues* e *jazz*. Estudei música clássica na Escola Municipal de Música de São Paulo (SP), trabalhei com teatro na Universidade de São Paulo e, nesse percurso, ministrava cursos para coordenadores de escolas municipais de São Paulo. Depois de experiências coletivas aonde lecionava aulas de imagem e som, junto com improvisações musicais, percebi que as pessoas ficavam muito tocadas. Elas choravam, emergiam em seus olhares, e eu ficava perplexo. Então, perguntava a alguns professores de Música o que estava ocorrendo naqueles momentos, o que a música fazia com essas pessoas? Eles me respondiam: "Nós apenas fazemos a música, o que as pessoas sentem não é nossa responsabilidade". Mas eu não me dei por satisfeito, queria saber mais; então, uma psicóloga que eu conhecia me disse: "Por que você não procura estudar algo entre música e

Intrafone, instrumento terapêutico construído por André Lindenberg que promove a escuta interna do próprio corpo.

psicologia?" Assim eu encontrei a musicoterapia! Fui trabalhar com essa técnica porque me sentia responsável pelo que poderia fazer com a música. Eu vi que poderia ajudar as pessoas a encontrarem a si mesmas por meio dos sons e a serem protagonistas da música – e não somente espectadores.

P: Como é o dia a dia de seu trabalho como musicoterapeuta?

AL: Eu trabalho com algumas frentes: já atuei oito anos dentro de hospitais da cidade de São Paulo, como a Santa Casa e o Hospital das Clínicas, nos lugares onde as pessoas estavam doentes e ficavam muito tempo sozinhas. Lá, por meio da música, promovíamos bem-estar e auxiliávamos na recuperação – resgatando suas memórias e proporcionando boas recordações. Desde 2008, atuo com grupos comunitários de musicoterapia, com foco na questão social. Nessas ações, diversas pessoas de uma comunidade se unem para tocar, compor e interpretar música, seja com tambores, seja com outros instrumentos específicos para essa finalidade, com intervenções pelas ruas do bairro, em ações pela praça. São experiências sonoras com função social: é a musicoterapia voltada para o bem-estar da comunidade. São trabalhos em conjunto com a assistência social para a comunidade – a fim de que a integração entre eles se estabeleça cada vez mais.

André Linderberg usa ferramentas simples para construir seus instrumentos.

Sinopet, instrumento musical de altura definida, construído na oficina do músico. Feito com garrafas PET, cada um desses instrumentos soa em uma nota musical.

Chegada

Uma pirâmide sonora

Muito bem, estamos quase encerrando o ano e também finalizando um ciclo: este é o último livro de Arte dos anos finais do Ensino Fundamental.

Esperamos que você tenha gostado e que, ao final desse período, tenha acumulado experiências construtivas e que possibilitem uma expressão artística crítica, consciente e criativa.

Para finalizar, vamos construir uma grande pirâmide musical, relembrando os principais pontos de nossa jornada pelas unidades de Música.

1. Cada grupo irá trabalhar com um nível de altura – grave, médio ou agudo – e todos os sons que vocês elaborarem terão de estar de acordo com esse nível, ou seja: se você caiu no grupo "grave", todos os sons que vocês farão deverão ser graves (mas isso não significa que todos devem fazer o mesmo som e na mesma altura, pois existem inúmeras possibilidades de sons graves).

2. Escolhidas as alturas, cada grupo deve se reunir e escolher o compasso que vai trabalhar. Esse compasso pode ser binário, ternário, quaternário, quinário e setenário. Vocês podem trabalhar com mais de um compasso, mas avaliem se é o melhor a ser feito.

3. Compasso escolhido, comecem a elaborar o que farão. Lembrem-se das inúmeras possibilidades que podem usar: diversos tipos de percussão corporal, percussão em objetos, a voz (de diversas formas), sons retirados da paisagem sonora de sua escola (que podem ser gravados em celular ou imitados por uma ou mais pessoas do grupo). Se houver alguém que toca um instrumento, pode vir também! Todos esses elementos irão compor a textura sonora de seu grupo.

4. Subdividam o grupo em três grupos e combinem quanto tempo deverá durar a música. Cada subgrupo deverá trabalhar no mesmo nível de altura, com o mesmo tipo de compasso, mas com elementos musicais particulares. No total, cada grupo terá três tipos de texturas sonoras, as quais serão sobrepostas.

5. Escolhidos os sons que farão parte da execução, cada subgrupo deverá fazer uma partitura da sua execução, para facilitar a execução de todos os participantes. Façam construções simples para que todos consigam executar.

6. Com todos os elementos escolhidos e subgrupos ensaiados, é hora de construir a pirâmide sonora:

    - Escolham um subgrupo para começar a pirâmide e, como vocês estão trabalhando com o mesmo compasso, escolham quantos tempos fortes esse grupo irá tocar antes do outro entrar.
    - O segundo subgrupo deverá começar a sua apresentação no tempo escolhido, sobrepondo sua textura à do primeiro grupo, isto é, os dois grupos deverão tocar ao mesmo tempo, mas músicas diferentes.
    - O terceiro subgrupo deverá entrar com sua textura também em um momento previamente combinado e permanecer tocando durante alguns compassos.

O esquema a seguir é um exemplo de como cada grupo deverá entrar na pirâmide:

Grupo 3 _____

Grupo 2 _____

Grupo 1 _____

Todos os grupos deverão se apresentar aos colegas.

Depois das apresentações, façam uma roda de conversa final e discutam os seguintes tópicos:

- Qual foi o elemento mais usado pelos grupos? E o menos usado?
- Qual grupo fez a melhor apresentação? Por quê?

Façam também uma avaliação interna de seu grupo:

- Você e seu grupo ficaram satisfeitos com o resultado da pirâmide sonora?

Cantar e dançar juntos ajuda a construir um mundo melhor!

Autoavaliação

Para terminar o ciclo, faça uma reflexão pessoal sobre os seguintes aspectos:

- Depois destes anos de práticas e escuta musical ao longo dos anos finais do Ensino Fundamental, o que é música para você?
- Sua percepção sobre o que é compasso mudou?
- Você consegue ouvir músicas instrumentais com mais facilidade? Como você se sente em relação a isso?
- Como você considera que suas experiências musicais podem contribuir para que você seja uma pessoa mais criativa?

Artes Integradas

Partida

1 Qual é seu prato favorito? Você sabe como prepará-lo?

Neste capítulo, a arte está na mesa! Observe a imagem do trabalho *Biscoito arte*, da artista Regina Silveira. Nela, vemos um biscoito em formato de letras que compõem a palavra arte. A artista compôs essa obra em 1976 para ilustrar o editorial da revista *Qorpo Estranho*.

Em 1997, Regina Silveira realizou uma *performance* na qual assou biscoitos nesse formato e os distribuiu no café do Paço das Artes, um museu de arte ligado à Universidade de São Paulo (USP). Ela, assim como o público presente, comia os biscoitos como parte da *performance*. A artista propôs uma reflexão sobre o consumo da arte, usando uma técnica própria da culinária para que a ação pudesse acontecer, trazendo, com essa ação tão simples, muitas camadas de significado para a *performance*. Pensando metaforicamente:

2 O que servimos em nossa mesa quando o prato principal é a arte?

3 De que modo isso nos alimenta?

4 A arte é algo que devemos consumir rapidamente?

Quando falamos de culinária, é fácil pensar nos alimentos que servem de base para seu preparo, nos temperos, no processo ou nos utensílios. O ato de preparar alimentos certamente envolve tudo isso, mas há outras camadas importantes nesse ato cotidiano tão essencial: ao preparar um prato ou receita, estamos reproduzindo algo que aprendemos, seja com nossa família ou amigos, seja em um livro ou *site* de receitas.

5 Você já se perguntou por que algumas receitas são feitas por muitas gerações enquanto outras não?

6 Será que isso diz alguma coisa sobre a cultura de sua família e comunidade?

Neste capítulo, vamos estudar lendas ligadas às origens de alguns alimentos muito usados em nosso país. Diferentemente das unidades anteriores, não nos guiaremos pelas regiões, pois esses alimentos foram e são utilizados em várias delas, de maneiras particulares, ou em receitas presentes por todo o país.

Natureza e transformação

Biscoito arte, de Regina Silveira, 1976.

Alimento e imaginário coletivo: lendas de origem

Açaí

J. Borges. *Açaí*, 2010. Xilogravura, 17 cm × 17 cm.

Conta a lenda que, certa vez, uma comunidade indígena estava passando por muitas dificuldades porque havia muito tempo não chovia e os alimentos começaram a ficar escassos. O cacique, na tentativa de proteger seu povo, tomou uma medida muito radical: ordenou que toda criança que nascesse daquele momento em diante deveria ser colocada em uma canoa, nos rios, e levada para fora da aldeia.

A ordem era severa e não poupava ninguém, nem a filha do cacique, que teve uma menina e, chorando muito, mandou-a embora junto com as outras crianças. Inconsolável, ela seguia seus dias e noites chorando pela filha. Em uma noite, olhou pela porta e viu a filha caminhando em sua direção. Correu para abraçá-la, mas logo percebeu que era apenas uma ilusão, fruto de sua saudade. O que ela tinha pensado ser a filha era, na verdade, uma palmeira, que ela percebeu ao colocar os braços em volta do tronco.

Naquela noite, não voltou para casa, chorando noite adentro e pedindo a Tupã que enviasse ao seu pai outro modo de resolver aquela crise. Ao amanhecer, encontraram-na abraçada àquela palmeira. Estava sem vida, mas com uma expressão serena e feliz. O rosto estava voltado para o alto da planta, e seus familiares notaram algo curioso: aquela árvore tinha um fruto arroxeado que nunca tinham visto. Chamaram as frutinhas de açaí, denominadas pelos indígenas de *iça-çai* ou fruta que chora. Com ela, fizeram um creme que foi capaz de alimentar o povo da comunidade até que voltasse a chover novamente.

Mandioca

Djanira Motta e Silva. *Preparando a mandioca*, 1956. Guache sobre papel, 15,5 cm × 30 cm.

A mandioca e seu uso culinário estão presentes em todo o Brasil. É um dos alimentos mais populares do país, seja com sua raiz, folhas, seja com produtos derivados, como farinhas, féculas e polvilho. É conhecida por muitos nomes: mandioca, macaxeira, aipim, maniva, carimã, candinga, mucamba, macamba, xagala, pão-de-pobre, pau-de-farinha, tapioca, uaipi, castelinha.

A lenda sobre sua origem conta que, certa vez, em uma comunidade indígena, a filha do cacique deu à luz uma menina muito ativa e alegre, a quem chamou Mani. Em algumas versões da história, o pai da criança é desconhecido até mesmo pela mãe, como se a criança tivesse sido concebida de algum modo mágico ou espiritual; em outras, o pai é o marido da filha do cacique. Em comum, entretanto, está o fato de que a criança nasce bastante diferente das outras, com a pele muito branca. Mani era muito vívida e alegre, mas, um dia, caiu doente.

O pajé e todos da comunidade fizeram tudo o que puderam, mas não conseguiram salvar a menina, que manteve um sorriso no rosto até o fim. Segundo o costume da aldeia, ela foi enterrada dentro da oca, em uma cerimônia cercada de lágrimas. A mãe permaneceu inconsolável, regando a terra com lágrimas durante três dias. No local, surgiu uma planta nunca antes vista. Dela descobriram que poderiam usar não apenas as folhas, mas também a raiz, que, quando descascada, é tão clara quanto a pele de Mani. Da planta foram feitas diferentes farinhas e preparos que alimentam os indígenas desde então.

Milho

Assim como a lenda do açaí, uma das versões brasileiras mais frequentes para a origem do milho também remete a uma época de escassez de alimentos, na qual a caça e a coleta rarearam por causa da falta de chuvas. Diz-se que, em uma comunidade indígena, um cacique que era muito sábio e amado pelo povo, ao notar que estava ficando fraco, chamou seu filho e anunciou que sentia que sua vida estava chegando ao fim. Pediu a ele que, quando sua hora chegasse, fosse enterrado em um campo verde (ou, em algumas outras versões, no meio da oca). Avisou ao filho que, ao fim de três dias, uma planta iria brotar ali, e lhe deu instruções bem específicas sobre o que fazer.

Ana Maria Dias. *O milharal da vila*, 2005. Acrílico sobre tela, 50 cm × 60 cm.

Assim aconteceu e, passados os dias indicados, de fato uma planta que a comunidade nunca tinha visto surgiu no lugar onde ele tinha sido enterrado. A planta oferecia sementes douradas e brilhantes, e algumas pessoas sugeriram que fossem imediatamente comidas. O filho do cacique, entretanto, revelou as orientações do pai neste momento: que as guardassem e as replantassem, como sementes. Assim fizeram e, na colheita seguinte, puderam usar algumas e guardar outras, multiplicando-as e garantindo alimento a toda a comunidade.

Guaraná

O guaraná é mais uma das plantas cuja lenda é de origem indígena, mas que se espalhou e é contada em todo o país. Essa lenda dá conta de que havia um casal na comunidade indígena dos mawés que se amava muito, mas não conseguia ter filhos. Ao vê-los tão tristes com isso, Tupã se apiedou e resolveu mandar-lhes um menino. O filho tornou-se uma criança alegre, gentil e generosa, que brincava com os outros curumins e tinha uma paixão especial por frutas.

Dizem que Jurupari, o espírito das trevas, começou a sentir inveja do menino tão querido por todos na aldeia, graças à sua bondade e alegria. Jurupari vagava pelas florestas, às vezes sem forma específica, às vezes usando corpo de morcego e bico de coruja. Escondeu-se na floresta e ficou aguardando o momento de atacar o menino.

Em um certo dia, o curumim, que colhia frutas todos os dias, afastou-se da aldeia, entrando na floresta. Assim que percebeu o menino sozinho e desprotegido, Jurupari se aproveitou, tomou a forma de uma imensa serpente e atacou o menino, que não resistiu. Preocupados com a sua demora, seus amigos e familiares saíram para procurá-lo, e quando a mãe o encontrou sem vida, recebeu uma mensagem de Tupã, dizendo que ela deveria plantar seus olhos, vigiar e regar o local, inclusive com lágrimas. Depois de algumas semanas, nasceu uma planta bastante diferente. Todos acreditam que os olhos do menino se multiplicaram, porque a planta apresenta frutos que realmente se parecem com olhos humanos.

Francimar Barbosa. *Lenda do guaraná*, 2009. Acrílico e pastel sobre tela, 2,5 m × 1,5 m.

O guaraná dá força aos jovens e revigora os idosos, segundo a tradição indígena.

Patrimônio: culinária e cultura

Quando pensamos em patrimônio cultural, é comum que nos venham à cabeça coisas que não fazem parte do nosso cotidiano imediato, como pinturas, museus, monumentos, entre outras possibilidades do patrimônio cultural material. Há, entretanto, um elemento com o qual convivemos todos os dias e que faz parte do nosso patrimônio imaterial, o qual, como vimos, é composto de manifestações não tangíveis, ou seja, que não podemos tocar: a culinária.

Quando aprendemos a fazer um prato ou receita com alguém de nossa família, não estamos apenas realizando uma tarefa técnica ou prática, que diz respeito à garantia de energia do nosso corpo. Há muitos conteúdos que nos são transmitidos, sem que falemos deles, no ato de cozinhar. A escolha dos alimentos que compõem o prato, o modo de preparo e a combinação de sabores contam nossa história, revelam conhecimentos transmitidos de geração em geração.

Compartilhar o momento da refeição reforça laços de afeto e identidade e são encontros recorrentes que constroem e reforçam as características de cada grupo familiar. Em uma perspectiva ampla, compartilhamos com toda uma comunidade algumas dessas preparações, que passam a significar e representar uma identidade. Quando ouvimos alguém dizer: "Esta receita é um tesouro da família", de fato podemos compreender as coisas desse modo, porque, além dos sabores, as receitas também carregam uma marca de identidade, de pertencimento. É possível até identificar características de temperos e sabores mais frequentes nas diferentes regiões do país. Cada comunidade acaba elegendo quais são os pratos e as receitas que melhor o representam. Falar de culinária é falar de cultura, de memória e, portanto, da construção da identidade de uma comunidade.

Observe as imagens do trabalho *Restauro – Escultura ambiental*, do artista Jorge Menna Barreto – um bom exemplo de como a arte pode gerar grandes transformações. Esse trabalho foi idealizado para a 32ª Bienal de Arte de São Paulo, realizada em 2016. O artista fez uma pesquisa e mapeou as cooperativas e os produtores que usam a técnica agrícola chamada de agrofloresta, a qual parte da diversidade de tipos de plantação, como árvores frutíferas, arroz e milho, que convivem de maneira integrada em um mesmo terreno. Essa convivência aposta na diversidade como recurso, estimulando o solo e evitando o uso de agrotóxicos ou fertilizantes artificiais, dando aos produtos mais sabor e qualidade e nutrindo o solo para que não se esgote. É uma técnica geralmente usada por pequenos produtores.

A partir desse contato, o artista organizou uma cadeia de ações sustentáveis. Comprava dos fornecedores, organizava a entrega e, com uma equipe de cozinha, servia refeições feitas com esses ingredientes a preços muito menores do que os praticados nas redondezas da exposição. O dinheiro

Restauro – Escultura ambiental, obra-restaurante de Jorge Menna Barreto. São Paulo (SP), 2016.

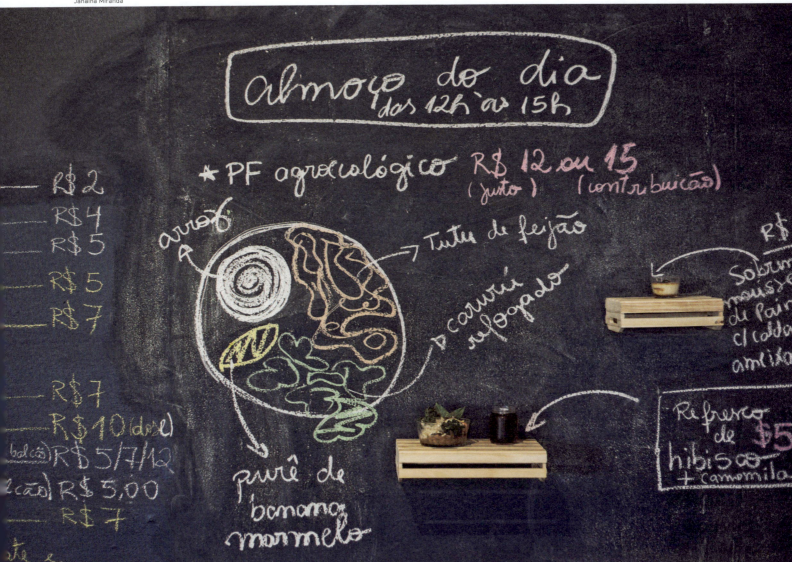

Restauro – Escultura ambiental, obra-restaurante de Jorge Menna Barreto. São Paulo (SP), 2016.

arrecadado era usado na aquisição de novos ingredientes, fazendo assim com que a obra se autossustentasse.

Há muitas camadas de transformação envolvidas no processo todo: a conexão com os produtores; a articulação da logística de transporte; o desafio para a equipe, que criava os pratos a partir de novos ingredientes todos os dias; o público, que, ao escolher os pratos, tomava contato com ingredientes (e produtores) nem sempre conhecidos e com diferentes preparações, além de refletir sobre todas as questões envolvidas no processo e sua relação com o meio ambiente.

A experiência de sentar-se à mesa certamente era ampliada e uma refeição nesse contexto pode ser um enorme disparador de novos olhares sobre o mundo e sobre a culinária, um processo que alimenta o corpo e é também um elemento de integração.

Sabores e cultura

Por outro lado, o prédio histórico do Mercado Municipal da cidade de São Paulo (SP), guardião de muitos sabores e cheio de frutas, pescados, fiambres, queijos e iguarias, conta com obras de arte em suas fachadas sóbrias. Na fachada principal, há cinco vitrais que retratam cenas da vida no campo na década de 1930: plantação de café, agricultores trabalhando na lavoura, a colheita e o transporte de bananas e o boiadeiro conduzindo a manada de bois através do rio.

Os vitrais inicialmente tinham por objetivo ilustrar as cenas bíblicas, contando as histórias por meio de figuras em uma época em que a maior parte da população não sabia ler. Vidraças compostas de pedaços de vidro colorido estavam geralmente posicionadas para o lado do Sol a fim de tirar partido dos efeitos da luz em sua transparência.

No período da construção do mercado público, a criação dos vitrais era responsabilidade de um artista, e a ampliação e a aplicação no vidro do vidraceiro, que realizava o trabalho em diversas etapas para os vidros representarem as colorações do desenho.

Fachada do Mercado Municipal de São Paulo (SP), 2015.

Um dos vitrais do Mercado Municipal de São Paulo (SP), 2012.

Os cinco vitrais da fachada do Mercado Público foram executados pelo artista Conrado Sorgenicht Filho (1869-1935).

Momento lúdico

Nesta unidade falamos de transformação, pensada de vários jeitos: a transformação que acontece com os conhecimentos construídos coletivamente, como as lendas, que têm uma base de narrativa comum, mas com pequenas variações ao longo do tempo; da diferença na apropriação dos ingredientes apresentados nas lendas, que são usados e transformados de modo variado em todo o país. Há, ainda, outras abordagens importantes que envolvem culinária e transformação que estão ligadas à nossa convivência em comunidade.

Vimos nos outros capítulos deste livro que a arte propõe não apenas a construção e apreciação de objetos mas também ações, muitas vezes criadas coletivamente, que podem transformar as coisas em diferentes perspectivas: um período de tempo, um lugar, o modo como as pessoas convivem, percebem e agem no mundo. Inspirados nos trabalhos de coletivos de arte, vamos fazer um jogo que envolve o patrimônio imaterial por meio da culinária, da ação coletiva, da tecnologia em rede e da transformação. Mãos à obra!

Preparação

1. Preparem, com os colegas e o professor, uma série de cartelas com instruções que estejam ligadas ao patrimônio cultural culinário de sua região. No momento em que preparam as cartelas, é importante pensar quais ações, grandes ou pequenas, elas podem gerar. Pense em uma pontuação de acordo com a dificuldade na realização de cada ação. Quanto mais complexo, maior o número de pontos ganhos. Seguem alguns exemplos:
    - Colher um alimento no pé ou na horta e preparar algo com ele.
    - Cozinhar algo para uma pessoa mais velha.
    - Preparar um prato com alguém da sua família.
    - Tomar um suco com uma fruta típica de sua região.
    - Organizar uma aula sobre um prato típico para sua sala com alguém conhecido que saiba prepará-lo.
    - Pesquisar obras de arte ou artistas que se relacionem de alguma forma com alimentos, pratos ou preparos típicos de sua região.
2. Criem um número considerável de cartelas com instruções diferentes. Algumas podem se repetir. O importante é que no final vocês tenham criado um conjunto de instruções a serem seguidas (dez instruções é um número suficiente, mas vocês podem avaliar se querem mais).
3. Façam dois conjuntos idênticos de cartelas. Um desses conjuntos inteiros deve ter uma indicação de equipe vermelha; o outro, de equipe verde. No final, cada cartela deve conter as seguintes informações:
    - Apresentação.
    - Instrução na cor da equipe.
    - Instrução para registro e compartilhamento.
    - Valor da atividade.

Vejam os exemplos a seguir.

> **Parabéns, você encontrou uma cartela-desafio.**
>
> Seu desafio é:
>
> **Colher um alimento no pé ou na horta e prepará-lo para alguém**
>
> Registre a ação com uma fotografia em que a cartela apareça e mande para o email: xxxxx@xxxx.com
>
> **VALE 2 PONTOS**

> **Parabéns, você encontrou uma cartela-desafio.**
>
> Seu desafio é:
>
> **Tomar um suco de uma fruta típica da sua região com um amigo**
>
> Registre a ação com uma fotografia em que a cartela apareça e mande para o email: xxxxx@xxxx.com
>
> **VALE 2 PONTOS**

Exemplos de cartões.

4. Organizem uma página na internet que vai servir como registro das ações de transformação que vocês propuseram. O professor pode ajudar. Pode ser uma página ou uma rede social de imagens. Alguém deve ficar responsável por checar o *e-mail* indicado nas cartelas, coletar as fotos e inseri-las na plataforma que vocês escolherem.

5. Espalhem as cartelas-desafio pela escola. Façam uma campanha, passando de classe em classe, explicando o desafio e convidando todos a participar. Marquem um período de realização da ação, com início e fim.

6. Espalhem as cartelas por toda a escola, em locais protegidos da chuva. Vale esconder dentro de livros, deixar sobre bancos, na sala dos professores. Usem a imaginação e lembrem-se de que o objetivo é que sejam encontradas, então cuidado para não as esconder em um lugar onde ninguém as encontrará.

7. Criem uma tabela de pontos, que ficará em um lugar visível da escola. Elejam um responsável por computar os pontos, que vai atuar com quem coloca as imagens na plataforma virtual. Atenção: os pontos só valem com a fotografia comprovando!

8. Ao final desse período, vejam qual cor obteve mais pontos! Convidem todos os participantes, alunos, professores, funcionários e familiares para um grande piquenique, onde poderão compartilhar suas histórias e experiências com essa ação.

Chegada

Alimentar o imaginário

Manter e preservar o Patrimônio Cultural Imaterial é uma tarefa ainda mais difícil do que cuidar do Patrimônio Material. Isso acontece porque a manutenção desses saberes depende diretamente das pessoas: reconhecer e transmitir os modos de preparo, ingredientes e temperos, no caso da culinária, são fundamentais para que o conhecimento continue sendo compartilhado com toda a comunidade. Você e sua sala também podem colaborar, organizando, por exemplo, um encontro de compartilhamento de saberes e sabores.

Preparação

1. A classe toda deve pesquisar quais são as receitas mais típicas da comunidade ou região.

2. Em uma segunda etapa, com ajuda do professor, vocês definirão um cardápio baseado nos pratos que pesquisaram. Conversem para decidir quais combinam entre si e aqueles que não poderiam faltar na mesa. Listem todos os ingredientes necessários, com as quantidades indicadas.

3. Organizem uma celebração da cultura culinária da comunidade. Chegou a hora de convidar amigos, familiares e vizinhos a participar dessa grande festa. Atenção: os participantes, nesse caso, serão convidados a cozinhar! Descubram quem da sua família, ou do círculo de amigos, estaria disposto a celebrar com vocês.

4. Façam um mutirão para arrecadar os alimentos necessários. Conversem com colegas de outras turmas, com a família, com outros professores, com a direção da escola, com todos que puderem. A ideia é celebrar sem sobrecarregar ninguém e criar uma situação festiva em comunidade.

5. O professor vai ajudar a turma a encontrar o local adequado para essa atividade: a cozinha da escola, a casa de algum dos alunos ou, caso nenhuma dessas opções seja possível, combinem pratos que possam ser feitos de um modo mais simples e que vão se misturar aos que podem ser preparados na casa de cada um.

6. Marquem o dia e mãos à obra: o responsável principal pela preparação de cada prato vai cozinhando e explicando como se faz. Todos podem ajudar!

Capa do livro *Dona Benta – Comer bem*. São Paulo: Companhia Editora Nacional, 1940. Antiga edição de um livro de receitas.

7. Quando tudo estiver pronto, façam uma mesa bem bonita e compartilhem a comida e os aprendizados conquistados ao longo de todo o processo! Convidem as pessoas mais velhas a contar as histórias ligadas às receitas. Caso você tenha alguma história engraçada, curiosa ou interessante, também pode contar.

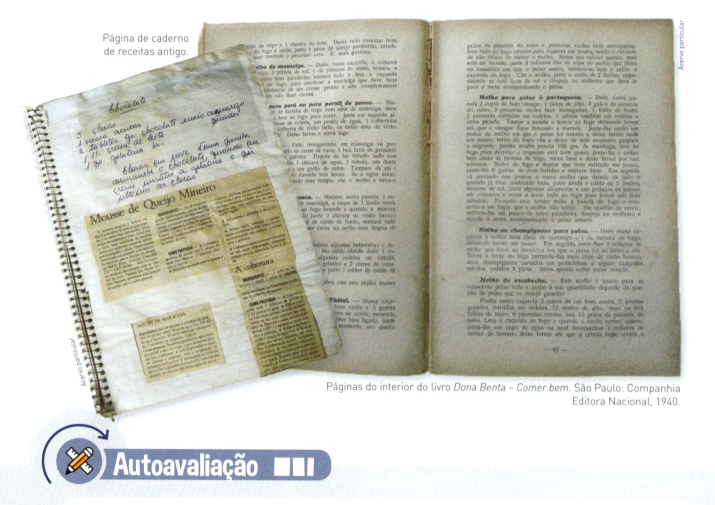

Página de caderno de receitas antigo.

Páginas do interior do livro *Dona Benta – Comer bem*. São Paulo: Companhia Editora Nacional, 1940.

Autoavaliação

A experiência de compartilhar as refeições pode nos trazer muitas informações a respeito de quem somos, da comunidade de onde viemos e do jeito que vivemos. A culinária é uma manifestação de cultura imaterial viva e importante.

- O que os hábitos alimentares revelam a respeito de uma comunidade?
- Você consegue identificar padrões de alimentação dos integrantes da sua comunidade ou região?
- Você conheceu/pesquisou alguma manifestação cultural ou artística que se relacione com alimentos, pratos ou preparos típicos de sua região? Qual?
- Conhecer e usar novos ingredientes pode transformar a relação de uma comunidade com os produtores? E com as tradições? De que forma?

REFERÊNCIAS

ABREU, Laura Maria Neves de; BARATA, Mario; XEXEO, Pedro Martins Caldas. *A arte sob o olhar de Djanira*. Rio de Janeiro: Ouro Sobre Azul Editora, 2005. (Coleção Museu Nacional de Belas Artes).

ALVES, Januária Cristina. *Abecedário de personagens do folclore brasileiro*. São Paulo: FTD; Edições Sesc, 2017.

ARCHER, Michael. *Arte contemporânea*: uma história concisa. São Paulo: Martins Fontes, 2001.

ARNHEIN, R. *Arte e percepção visual*: uma psicologia da visão criadora. São Paulo: Thomson Pioneira, 1998.

AZEVEDO, Ricardo. *Cultura da terra*. São Paulo: Moderna, 2008.

BARBOSA, Ana Mae (Org.) *Arte/educação contemporânea*: consonâncias internacionais. São Paulo: Cortez, 2010.

_____; COUTINHO, Rejane (Org.). *Arte/educação como mediação cultural e social*. São Paulo: Unesp, 2009. (Coleção Arte e Educação).

_____; AMARAL, Lilian (Org.). *Interterritorialidade*: mídias, contextos e educação. São Paulo: Editora Senac; Edições Sesc, 2008.

BERTAZZO, Ivaldo. *Espaço e corpo*. São Paulo: Editora Sesc, 2004.

BOURCIER, Paul. *História da dança no Ocidente*. São Paulo: Martins Fontes, 2001.

CANCLINI, Néstor Garcia. *Culturas híbridas:* estratégias para entrar e sair da modernidade. São Paulo: Edusp, 1997.

CASCUDO, Câmara. *Lendas brasileiras*. 3. ed. Rio de Janeiro: Ediouro, 2000.

COUCHOT, Edmond. *A tecnologia na arte:* da fotografia à realidade virtual. Porto Alegre: Editora UFRGS, 2003.

DEWEY, John. Vida e educação. In: *Dewey*. Trad. Murilo Otávio Rodrigues Paes et al. São Paulo: Editora Abril, 1980. (Coleção Os Pensadores).

FONTERRADA, Marisa Trench de Oliveira. *De tramas e fios*: um ensaio sobre música e educação. 2. ed. São Paulo: Unesp, 2008.

GOODMAN, Nelson. *Linguagem da arte:* uma abordagem a uma teoria dos símbolos. Lisboa: Gradiva, 1976.

GOMBRICH, E. H. *A história da arte:* 15. ed. Rio de Janeiro: LTC, 1993.

HERNÁNDEZ, Fernando. *Catadores da cultura visual*: proposta para uma nova narrativa educacional. Porto Alegre: Edição Mediação, 2007.

_____. *Transgressão e mudança na educação*: os projetos de trabalho. Porto Alegre: Artmed, 2007.

HINDEMITH, Paul. *Treinamento elementar para músicos*. São Paulo: Ricordi, 1988.

HIKIJI, Rose S. G. *A música e o risco*. São Paulo: Edusp, 2006.

HUIZINGA, Johan. *Homo ludens*. São Paulo: Perspectiva, 1999.

KOUDELA, Ingrid D. *Texto e jogo*. São Paulo: Perspectiva, 1996.

_____. *Jogos teatrais*. São Paulo: Perspectiva, 2001.

LINDENBERG, André et al. A catarse nas intervenções em musicoterapia comunitária. In: VI CONGRESSO LATINO-AMERICANO DE MUSICOTERAPIA/CLAM MUSICOTERAPIA, n. 1. 2016, Florianópolis, 2016. p. 246-250.

JACOBS, Joseph. *A história dos três porquinhos*: um conto de fadas. Rio de Janeiro: Expresso Zahar, 2014.

LOBO, Lenora; NAVAS, Cassia. *Teatro do movimento*: um método para o intérprete criador. Brasília: LGE, 2007.

MARTINS, Mirian Celeste; PICOSQUE, Gisa. *Mediação cultural para professores andarilhos na cultura*. São Paulo: Intermeios, 2012.

_____; _____; TELLES, Maria Terezinha Telles. *A língua do mundo*: poetizar, fruir e conhecer arte. São Paulo: FTD, 1998.

MOREIRA, Eduardo da Luz. *Os gigantes da montanha*. Belo Horizonte: Edições CPMT, 2014.

MUSEU NACIONAL DE BELAS ARTES. *Djanira e a azulejaria contemporânea*. Rio de Janeiro, 1997.

OSSONA, Paulina. *A educação pela dança*. São Paulo: Summus Editorial, 2011.

PAIXÃO, Cortes; LESSA, Barbosa. *Manual de danças gaúchas*. São Paulo: Editora Irmãos Vitale, 1997.

PAVIS, Patrice. *Dicionário de teatro*. 3. ed. São Paulo: Perspectiva, 2015.

PILLAR, Analice Dutra. *A educação do olhar no ensino das artes*. 8. ed. Porto Alegre: Mediação, 2014.

ROUBINE, Jean-Jacques. *Introdução às grandes teorias do teatro*. Trad. André Telles. Rio de Janeiro: Jorge Zahar, 2003.

SALLES, Cecilia Almeida. *Redes de criação*: construção da obra de arte. São Paulo: Editora Horizonte, 2006.
SARRAZAC, Jean-Pierre (Org.). *Léxico do drama moderno e contemporâneo*. Trad. André Telles. São Paulo: Cosac Naify, 2012.
SCHAFER, R. Murray. *A afinação do mundo*. São Paulo: Unesp, 1997.
_____. *O ouvido pensante*. São Paulo: Unesp, 1992.
SPOLIN, Viola. *Improvisação para o teatro*. São Paulo: Perspectiva, 2010.
_____. *O fichário de Viola Spolin*. São Paulo: Perspectiva, 2003.
TATIT, Luiz. *O século da canção*. Cotia: Ateliê Editorial, 2004.
TOMÁS, Lia. *Poema do fogo*: mito e música em Scriabin. São Paulo: Annablume, 1993.

DOCUMENTOS

BRASIL. *Diretrizes Curriculares Nacionais da Educação Básica*. Brasília: Ministério da Educação/Secretaria de Educação Básica, 2013.
_____. *Base Nacional Comum Curricular*. Brasília: Ministério da Educação/Secretaria da Educação Básica, 2018. Disponível em: <http://basenacionalcomum.mec.gov.br>. Acesso em: mar. 2019.
REVISTA DO PATRIMÔNIO HISTÓRICO E ARTÍSTICO NACIONAL. Brasília, Iphan, n. 31, 2005.

REFERÊNCIAS *ON-LINE*

ASSOCIAÇÃO ARTE DESPERTAR. Disponível em: <www.artedespertar.org.br/20anos/>. Acesso em: mar. 2019.
DOUTORES DA ALEGRIA. Disponível em: <https://doutoresdaalegria.org.br/>. Acesso em: mar. 2019.
INSTITUTO BRINCANTE. Disponível em: <www.institutobrincante.org.br/>. Acesso em: mar. 2019.
INSTITUTO DO PATRIMÔNIO HISTÓRICO E ARTÍSTICO BRASILEIRO. Disponível em: <http://portal.iphan.gov.br/pagina/detalhes/866>. Acesso em: mar. 2019.
INSTITUTO ITAÚ CULTURAL. Disponível em: <www.itaucultural.org.br/ocupacao/ballet-stagium/>. Acesso em: mar. 2019.
MUSEU DA DANÇA. Disponível em: <http://museudadanca.com.br/>. Acesso em: mar. 2019.
MUSEU DO ÍNDIO. Disponível em: <www.museudoindio.gov.br/>. Acesso em: mar. 2019.
NEOJIBÁ – Núcleos Estaduais de Orquestras Juvenis e Infantis da Bahia. Disponível em: <www.neojiba.org/>. Acesso em: mar. 2019.